Reto Schlüter

Knowledge-Management

Chancen und Risiken der Kommerzialisierung von Wissen

Bibliografische Information der Deutschen Nationalbibliothek:

Bibliografische Information der Deutschen Nationalbibliothek: Die Deutsche Bibliothek verzeichnet diese Publikation in der Deutschen Nationalbibliografie; detaillierte bibliografische Daten sind im Internet über http://dnb.d-nb.de/ abrufbar.

Copyright © 1998 Diplomica Verlag GmbH
Druck und Bindung: Books on Demand GmbH, Norderstedt Germany
ISBN: 9783838616872

http://www.diplom.de/e-book/217562/knowledge-management

Reto Schlüter

Knowledge-Management

Chancen und Risiken der Kommerzialisierung von Wissen

Diplom.de

Reto Schlüter

Knowledge-Management
Chancen und Risiken der Kommerzialisierung von Wissen

Diplomarbeit
an der Universität Hamburg
Fachbereich Wirtschaftswissenschaften
Prüfer Prof. Dr. D. B. Preßmar
Institut für Wirtschaftsinformatik
Drei Monate Bearbeitungsdauer
Oktober 1998 Abgabe

Diplomarbeiten Agentur
Dipl. Kfm. Dipl. Hdl. Björn Bedey
Dipl. Wi.-Ing. Martin Haschke
und Guido Meyer GbR

Hermannstal 119 k
22119 Hamburg

agentur@diplom.de
www.diplom.de

Schlüter, Reto: Knowledge-Management: Chancen und Risiken der Kommerzialisierung von Wissen / Reto Schlüter.- Hamburg: Diplomarbeiten Agentur, 1999
Zugl.: Hamburg, Univ., Dipl., 1998

Dipl. Kfm. Dipl. Hdl. Björn Bedey, Dipl. Wi.-Ing. Martin Haschke & Guido Meyer GbR
Diplomarbeiten Agentur, http://www.diplom.de, Hamburg 1999
Printed in Germany

Diplomarbeiten Agentur

Wissensquellen gewinnbringend nutzen

Qualität, Praxisrelevanz und Aktualität zeichnen unsere Studien aus. Wir bieten Ihnen im Auftrag unserer Autorinnen und Autoren Wirtschaftsstudien und wissenschaftliche Abschlussarbeiten – Dissertationen, Diplomarbeiten, Magisterarbeiten, Staatsexamensarbeiten und Studienarbeiten zum Kauf. Sie wurden an deutschen Universitäten, Fachhochschulen, Akademien oder vergleichbaren Institutionen der Europäischen Union geschrieben. Der Notendurchschnitt liegt bei 1,5.

Wettbewerbsvorteile verschaffen – Vergleichen Sie den Preis unserer Studien mit den Honoraren externer Berater. Um dieses Wissen selbst zusammenzutragen, müssten Sie viel Zeit und Geld aufbringen.

http://www.diplom.de bietet Ihnen unser vollständiges Lieferprogramm mit mehreren tausend Studien im Internet. Neben dem Online-Katalog und der Online-Suchmaschine für Ihre Recherche steht Ihnen auch eine Online-Bestellfunktion zur Verfügung. Inhaltliche Zusammenfassungen und Inhaltsverzeichnisse zu jeder Studie sind im Internet einsehbar.

Individueller Service – Gerne senden wir Ihnen auch unseren Papierkatalog zu. Bitte fordern Sie Ihr individuelles Exemplar bei uns an. Für Fragen, Anregungen und individuelle Anfragen stehen wir Ihnen gerne zur Verfügung. Wir freuen uns auf eine gute Zusammenarbeit

Ihr Team der *Diplomarbeiten* Agentur

Dipl. Kfm. Dipl. Hdl. Björn Bedey
Dipl. Wi.-Ing. Martin Haschke
und Guido Meyer GbR

Hermannstal 119 k
22119 Hamburg

Fon: 040 / 655 99 20
Fax: 040 / 655 99 222

agentur@diplom.de
www.diplom.de

ABBILDUNGSVERZEICHNIS

TABELLENVERZEICHNIS:

ABKÜRZUNGSVERZEICHNIS:

AG	Aktiengesellschaft
allg.	Allgemein
BTX	Bildschirmtext
CIV	Calculated Intangible Value
HRM	Human Ressource Management
IKT	Informations- und Kommunikationstechnologie
KI	Künstliche Intelligenz
MCSE	Microsoft Certified Systems Engineer
OLAP	Online-Analytical-Processing
SABRE	Semi-Automated Business Research Environment
AFS	Assurance and Financial Services
TM	Trademark

1 Einleitung

1.1 Wissen und Wissensmanagement

Ein wesentliches Kriterium für die Erstellung überlegener betrieblicher Leistungen ist die effiziente Nutzung der vorhandenen Ressourcen. Durch die starke Beschleunigung des technologischen Wandels und der Produktinnovationen, immer kürzere Produktlebenszyklen und durch eine zunehmende Globalisierung wird Wissen zu einer wichtigen ökonomischen Ressource, die die Basis für strategische Wettbewerbsvorteile bildet. Insbesondere an Standorten mit hohen Lohn und/oder Kapitalkosten ist es von großer Bedeutung, die Ressource Wissen systematisch zu nutzen, um sich mit besseren Leistungen, die zudem schneller auf dem Markt verfügbar sind, gegenüber den Produkten und Dienstleistungen von Billiglohnländern zu differenzieren. Daneben nimmt der Wissensanteil in der Wertschöpfungskette aufgrund der steigenden Komplexität der Produkte, Dienstleistungen und Prozesse immer mehr zu. Es wird daher zunehmend wichtiger, die Potentiale der Ressource Wissen zu nutzen. Dies ist nur durch ein systematisches und durchgängiges Management dieser Ressource möglich. Wissen muß schnell und zielgerichtet nutzbar gemacht werden, z. B. um Produkte oder Prozesse besser als die Konkurrenz zu gestalten.

Der Bedarf, betriebliche Ressourcen im allgemeinen und Wissen im speziellen konsequent zu managen, wurde bereits vor langer Zeit erkannt[1]. Die Notwendigkeit, z. B. ein systematisches Management der Ressource "Finanzen" zu betreiben, ist heute unbestritten, obwohl die dazu entwickelten Konzepte zunächst skeptisch betrachtet wurden. Heute kann kein Unternehmen mehr ohne Finanzbuchhaltung existieren. Techniken und Methoden sowie die Unterstützung durch Informationstechnologien wurden immer weiter perfektioniert und haben heute einen hohen Entwicklungsstand erreicht. Ähnliches ist derzeit für die Ressource Wissen zu beobachten. Die hohe Bedeutung dieses Inputfaktors wird bei den meisten Unternehmen mittlerweile anerkannt - es fehlt aber an möglichen Lösungen und Konzepten zum Management dieser betrieblichen Elementarfaktoren.

An dieser Stelle ist es zunächst wichtig, das Wissen zu kennzeichnen und die Aufgaben der entsprechenden Managementfunktionen festzulegen. Wie später genauer

---

[1] Anm.: Siehe Hayek, F.A., The Use of Knowledge in Society, in American Economic Review, Vol. 35 (1945), Nr. 4, S.519-530. oder Schumpeter, J.A. The Theory of Economic Development, Cambridge, Massachusetts 1951.

darzulegen ist, ist Wissen subjekt- und zweckrelativ, perspektivistisch, anwendungs-orientiert, kognitiv und setzt die Kenntnis seiner Herkunft voraus.

Im Rahmen des Wissensmanagements werden ganzheitliche Konzepte für das Management der Ressource Wissen entwickelt, um vorhandenes Know-How optimal zu nutzen, weiterzuentwickeln und in neue Produkte, Prozesse und Geschäftsfelder umzusetzen. Wissensmanagement beschränkt sich nicht auf die Unternehmensgrenzen, sondern bezieht Kunden, Lieferanten und Allianzpartner mit ein, um in Anlehnung an das Finanzkapital das Wissenskapital zu vermehren und dadurch den Unternehmenswert nachhaltig zu steigern. In Folge dieser Sicht hat Wissensmanagement die nachstehend aufgeführten Ziele zu erfüllen:

1. Gewährleisten, daß auf das vorhandene Wissen jederzeit von jedem beliebigen Ort aus zugegriffen werden kann.

2. Unternehmensweite Transparenz bezüglich des verfügbaren Wissens schaffen.

3. Gezielt die relevanten Wissenselemente aus der vorhandenen Wissensbasis selektieren.

4. Systematisch externes Wissen verfügbar machen.

Ergebnis eines optimalen Managements dieser Ressource ist oftmals die Konzentration der wirtschaftlichen Tätigkeit auf diese Aktivitäten, zumindest dann, wenn die Bedeutung für die individuelle Gewinnerzielung eine gewisse Größenordnung erreicht.

1.2 Problemstellung

Ziel dieser Arbeit ist es, Wissen sowohl als Ressource im Produktionsprozeß zu verstehen und aufzuzeigen wie es effizient eingesetzt wird, als auch Wissen zumindest als wesentlichen Bestandteil des Endproduktes bzw. einer Dienstleistung zu interpretieren. Es soll aufgezeigt werden, wie Unternehmen diese wichtige Ressource besser nutzen und wie eine deutliche Fokussierung auf diese Ressource zu einer revolutionären Veränderung der Produkte, Märkte und der Ökonomie führt. Dabei gilt es einen Ablauf zu beschreiben, der von einem Management des Wissens, dem Knowledge-Management über wissensbasierte Produkte zu einer Knowledge-based-economy und somit zu einer Kommerzialisierung des Wissens führt, um dann die Potentiale der Entwicklung gegenüber zu stellen.

1.3 Gang der Untersuchung

Zunächst werden sowohl die definitorischen Grundlagen des Wissens, als auch eine Abgrenzung der traditionell allzu oft synonym gebrauchten Begriffe Daten, Information und Wissen in einem Kontext der sie in ihrer ökonomischen Bedeutung begleitenden Technologie dargestellt, um dann eine Abgrenzung des insbesondere in dieser Arbeit zugrunde gelegten Verständnisses von Wissensmanagement zu geben.

Anschließend wird Wissen als Ressource auf Unternehmensebene betrachtet, um aufzuzeigen, wie ein optimaler Einsatz in Verbindung mit anderen Managementtheorien zu einer weiteren Teilung der ökonomischen Sektoren führen wird, wodurch Wissen zum Produkt wird. Im folgenden gilt es, basierend auf den Produkteigenschaften, die Potentiale der Entwicklung zu beschreiben, um abschließend einen Ausblick geben zu können.

2 Grundlagen und Technologien

2.1 Daten und Datenerfassung

Entscheidend bei jeglicher Diskussion über das Thema Knowledge-Management ist zunächst eine klare Abgrenzung der Begriffe Daten, Information und Wissen. Hierbei besteht die Möglichkeit gleichzeitig auf die technische Dimension und deren Entwicklungsstufe einzugehen. Die Termini stellen den Ausschnitt einer Hierarchie dar, die insbesondere in der Informatik meist schon mit dem Begriff eines Zeichens[2] beginnt und im Rahmen der Sozialwissenschaften bis zur Kennzeichnung von Intelligenz reicht. Zeichen können alphanumerischer Natur oder Sonderzeichen sein, wobei die Menge der zur Verfügung stehenden Zeichen als Zeichenvorrat bezeichnet wird. Werden ein oder mehrere Zeichen in einen syntaktischen Zusammenhang gebracht, spricht man von Daten. Sie bilden, in keinem Kontext stehend, die Grundbausteine eines wissensbasierten Unternehmens[3] und sind schon deshalb nach ihrem Grad der Verarbeitung durch das Unternehmen von Information und Wissen zu differenzieren.

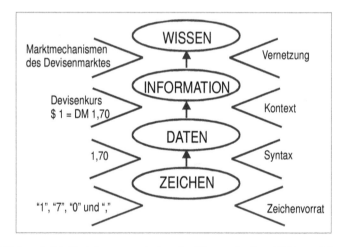

Abbildung 1: Die Beziehungen zwischen den Ebenen der Begriffshierarchie
Quelle: Rehäuser, Jakob, Krcmar, Helmut: Wissensmanagement in Unternehmen, in: Wissensmanagement, Hrsg.: Georg Schreyögg u. Peter Conrad, Berlin, New York 1996, S. 3.

---

[2] Vgl. Rehäuser, Jakob, Krcmar, Helmut: Wissensmanagement in Unternehmen, in: Wissensmanagement, Hrsg.: Georg Schreyögg u. Peter Conrad, Berlin, New York 1996, S. 3.
[3] Vgl. Davis, Stan, Botkin, Jim: Das künftige Geschäft – wissensgestützt, in: Harvard Business manager, 1995, Nr. 2, S. 25 ff.

Waren Daten, ob internen oder externen Ursprungs, vor nicht allzu langer Zeit in großen Volumina noch schwer zu erfassen, zu verarbeiten und zu speichern, hat die technologische Entwicklung dazu geführt, daß eine Datenflut vorliegt und die Akzentuierung auf einer Datenselektion liegt. Die These von Davis und Botkin, die den Daten die fundamentale Bedeutung zuweist, wird dadurch untermauert, daß heute im Rahmen aktueller Produktionsprozesse entlang der gesamten Wertschöpfungskette auf jeder Stufe Daten automatisch erfaßt werden. Dies sind beispielsweise mit Hilfe von Scannern von einem Barcode eingelesene Daten im Lager, über im Leitstand erfaßte Meßwerte der Produktion, bis hin zu den Zahlungsgewohnheiten der Kunden. Lag noch vor wenigen Jahrzehnten ein Schwerpunkt der Datenverarbeitungsabteilung der Unternehmen auf der manuellen Datenerfassung, werden heute zahlreiche Daten vollautomatisch erfaßt und gespeichert. Gemäß der o.a. Definition von Daten stellen sie jedoch keine Information dar, da sie zwar syntaktisch angeordnete Zeichen repräsentieren, jedoch in keinem Kontext stehen.[4]

2.2 Information und Informationsverarbeitung

Entsprechend der oben dargestellten Begriffshierarchie wird auch die instrumentalisierte Wissensbasis eines Unternehmens in drei Ebenen eingeteilt. Dabei werden die im vorangegangenen Punkt beschriebenen Zeichen und Daten zur ersten Ebene zusammengefaßt. Die zweite Ebene wird durch in den Kontext eines Problemzusammenhanges gestellte Daten, welche nun als Information zu bezeichnen sind, repräsentiert. Aus betriebswirtschaftlicher Sicht sind Informationen Anhaltspunkte die Akteure benötigen, um zielorientierte Entscheidungen treffen zu können. Sie bilden somit eine Mittelposition in dem Übergang von isolierten, unstrukturierten und kontext-unabhängigen Daten zu kognitiven Handlungsmustern mit hoher Verhaltenssteuerung, wobei sich der Grad der Verarbeitung kontinuierlich vollzieht[5]. Die technische Unterstützung erfolgt zum einen durch die zunehmende Vernetzung, die es ermöglicht, an beliebigen Positionen, ob unternehmensextern oder –intern erfaßte Daten zusammenzuführen. Zum anderen führen verbesserte Algorithmen im Bereich der Datenanalyse, wie sie z.B. durch die OLAP-Methoden im Rahmen der Data-Warehouse-Konzepte realisiert werden, schnell (Online im Echtzeitbetrieb) und anschaulich (grafische Darstellung) zu Entscheidungsgrundlagen. Die massenhaft

---

[4] Vgl. Rehäuser, Jakob, Krcmar, Helmut, a.a.O., S. 4.
[5] Vgl. Probst, Gilbert, Romhardt, Kai: Bausteine des Wissensmanagements – ein praxisorientierter Ansatz, www.cck.uni-kl.de/wmk/papers/public/Bausteine.htm, 24.08.98, Abb. 1, S. 1.

erfaßten Daten werden durch weltweite Netzwerke mit hohem Datendurchsatz zu jedem beliebigen Verarbeitungsplatz transportiert und können durch den Zusammenschluß verschiedenartigster Datenbanken in jeden beliebigen Kontext gebracht werden. Dies geschieht in kürzester Zeit und in großen Mengen durch Informationssysteme.

2.3 Wissen und wissensbasierte Systeme – KI

Entlang der bisher beschriebenen Hierarchie wird auf der dritten Ebene aus vernetzten Informationen Wissen. Bei der Definition von Wissen wird jedoch der interdisziplinäre Charakter des Begriffes deutlich. An dieser Stelle soll keine philosophische Diskussion über Wissen und Erkenntnis aufgenommen werden[6], sondern lediglich die für die Behandlung von Wissen als Ressource notwendigen Charakteristika dargestellt werden.

Wissen besteht aus Informationen, die angewendet werden können[7]. Dies soll verdeutlichen, daß Wissen lediglich ein Modell der Wirklichkeit ist. Wissen ist die Kenntnis über etwas und jemanden[8]. Es ist anwendungsorientiert.

Wissen ist stets immer nur Wissen eines Subjektes, sei es ein Individuum oder eine Organisation, das Informationen ausgewählt und unter Einflußnahme seines Blickwinkels transformiert hat[9]. Wissen kann dementsprechend nie vollständig und objektiv sein, da es immer eine individuelle Vernetzung von Informationen darstellt[10]. Es ist subjektrelativ und perspektivistisch bzw. individuell.

Wissen kann nicht nur durch das Studium von Fakten erlangt werden. In vielen Bereichen müssen Erfahrungen gesammelt werden, indem über vollzogene Handlungen reflektiert wird[11]. Wissen ist kognitiv.

Wissen wird über die Zeit immer weiter vertieft und steigert so seine Bedeutung. Allerdings hat es keine absolute Bedeutung, sondern nur eine Bedeutung für jemanden[1213]. Es ist historisch und setzt die Kenntnis seiner Herkunft voraus.

---

[6] Anm.: Die Diskussion kann bei Nonaka, Ikujiro/ Takeuchi, Hirotaka: Die Organisation des Wissens: Wie japanische Unternehmen eine brachliegende Ressource nutzbar machen, Frankfurt/Main, New York 1997, nachgelesen werden.

[7] Vgl. Winslow, Charles D., Bramer William L.: FutureWork: Putting Knowledge to Work in the Knowledge Economy, New York 1994, S. 165.

[8] Vgl. Rehäuser, Jakob, Krcmar, Helmut, a.a.O., S. 5.

[9] Vgl. Rehäuser, Jakob, Krcmar, Helmut, a.a.O., S. 5.

[10] Vgl. Winslow, Charles D., Bramer William L., a.a.O., S 168.

[11] Vgl. Winslow, Charles D., Bramer William L., a.a.O., S. 165.

[12] Vgl. Winslow, Charles D., Bramer William L., a.a.O., S. 166.

[13] Vgl. Rehäuser, Jakob, Krcmar, Helmut, a.a.O., S. 5.

Wissen bedeutet die Interpretation und angewandte Umsetzung von auf Daten beru-
henden Informationen in einem bestimmten Zusammenhang. Wissen ist abhängig
vom Kontext[14].

Das Wissen in den Köpfen das sogenannte „embodied knowledge" entsteht bzw.
entwickelt sich nicht nur durch die Aufnahme von kodifizierten Wissen, dem sogenannten „disembodied knowledge", sondern benötigt die Reflexion und das Feedback Gleichgesinnter[15]. Wissen basiert auf sozialen Beziehungen.

Obwohl auch im Bereich der „Wissens-Verarbeitung" die technologische Entwicklung insbesondere durch die Adaption menschlicher, biologischer und evolutionärer Vorgehensweisen nennenswerte Fortschritte erzielt hat, sind es gerade die o.a.
Charakteristika, die die Verarbeitung und Speicherung von Wissen so problematisch
machen. Definitionsgemäß beruhen wissensbasierte Systeme auf der Auswertung
von gespeichertem menschlichem Wissen und bilden damit die Grundlagen für
Künstliche Intelligenz[16]. Doch obwohl heute im Vergleich zu der Situation vor wenigen Jahren Speicher Anwendung finden, die in Kapazität und Zugriffszeit ihre Vor-
gänger um ein Vielfaches übersteigen, werden erst die sich noch in der Entwicklung
befindlichen Proteinspeicher ausreichend sein, um die benötigten Kapazitäten mit
zufriedenstellender Zugriffszeit zur Verfügung zu stellen. Auch unter Anwendung
evolutionärer Algorithmen in der Datenanalyse ist man von der „maschinellen Innovation" noch weit entfernt. Somit bleibt in der Darstellung der technologischen
Entwicklung festzuhalten, daß die Informations- und Kommunikationstechnologie
wesentliche Voraussetzungen für die Anwendung von Wissensmanagement bereit-
stellt, Wissensmanagement wie es nachstehend beschrieben wird, jedoch darüber
hinausgehende Gestaltungsdimensionen beinhaltet.

Wissen ist die Basis und die Triebfeder der post-industriellen Gesellschaft. Es ist das
Ergebnis des Lernens, welches uns immer wieder Wettbewerbsvorteile sichert, und
es beschreibt den nächsten Paradigmenwechsel innerhalb der Computisierung der
Wirtschaft. Stand von 1945-1965 die Datenverarbeitung im Vordergrund, war es von
1966-1995 das Informationsmanagement. Wissen besteht aus Handlungen,
zielgerichteter Innovation, zusammengelegten Erfahrungen, sowie einzigartigen
Beziehungen und Bündnissen. Wissen ergibt sich aus wertsteigerndem Verhalten und

---

[14] Vgl. Winslow, Charles D., Bramer William L., a.a.O., S. 165.
[15] Vgl. Winslow, Charles D., Bramer William L., a.a.O., S. 166.
[16] Vgl. Stahlknecht, Peter: Einführung in die Wirtschaftsinformatik, 7.Aufl., Berlin, Heidelberg,
u.a. 1995, S. 440.

Tätigkeiten. Damit aus Wissen ein Vermögenswert wird, muß es zielgerichtet und aktuell sein, sowie angewandt und geteilt werden.[17]

2.4 Wissensmanagement

2.4.1 Beschreibung

Wissensmanagement ist ein Begriff, der in Übereinstimmung mit den vielen Facetten der Bedeutung von Wissen uneinheitlich definiert wird. Dennoch ist er klar vom Begriff des Informationsmanagements abzugrenzen.

Aufgabe des Informationsmanagements ist es, Informationen zu beschaffen und in einer geeigneten Form im Rahmen einer optimierten Infrastruktur zur Verfügung zu stellen. Darüber hinaus gilt es die technischen und personellen Ressourcen für die Informationsbeschaffung zu planen, beschaffen und einzusetzen. Kennzeichnend sind hier dementsprechend die Steuerung der Ressource Information und insbesondere auch entsprechend der Definition, die technische Dimension.[18]

Somit bildet das Informationsmanagement in vielen Bereichen eine wichtige Voraussetzung für das Wissensmanagement, denn eine Vielzahl von Instrumenten dieses Managements wurden erst durch die Technologiesprünge im Bereich der Informations- und Kommunikationstechnik möglich. Eine detailliertere Darstellung der Tatsache, daß Informationsmanagement lediglich ein Teilbereich des Knowledge-Managements darstellt, wird weiter unten bei der Erläuterung der Gestaltungsdimensionen des Wissensmanagements gegeben.

Aus Sicht der Informatik beschränkt sich Wissensmanagement zunächst auf die Erfassung und Verteilung von Wissen und beschäftigt sich erst im Rahmen von „Künstlicher Intelligenz" mit der Weiterentwicklung von Wissen. Sozialwissenschaftlich betrachtet soll Wissensmanagement vor allem Wissen in seinen unterschiedlichen Darreichungsformen identifizieren und weiterentwickeln. Wirtschaftswissenschaftler legen nach erfolgter Zieldefinition die Akzente auf die Wissensnutzung und Bewertung. Vertreter aus dem Bereich der Informations- und Kommunikationstechnik, die den Begriff des Knowledge-Managements aufgreifen, sind meist Systemhersteller, wie zum Beispiel die Firma Lotus, die ihre entsprechenden Produkte und Konzepte vermarkten wollen.

---

[17]Vgl. Gry, Denham: What is Knowledge Management, www.3-cities.com/~bonewman/what_is.htm, 05.07.98, S. 3.
[18] Vgl. Stahlknecht, Peter, a.a.O., S. 448.

Produkte wie Lotus Notes stellen in der Tat wesentliche Hilfsmittel zur Durchführung ganzheitlicher Wissensmanagement-Ansätze zur Verfügung. Die Workflow-Komponenten ermöglichen den Menschen eine Form der Kooperation, von der das Unternehmen profitiert und die Datenbank-Komponenten unterstützen die Mitarbeiter dabei, Wissen zu sammeln und zu kategorisieren, um es für andere nutzbar zu machen[19].

Im Bereich der Sozialwissenschaften werden primär Konzepte der lernenden Organisation verfolgt, deren Hauptvertreter die beiden Japaner Nonako und Takeuchi sind. Wirtschaftswissenschaftler und Unternehmensführungen entwickeln Methoden zur Bewertung des Einsatzes, um gemäß des traditionellen Managementkreislaufes Planung, Durchführung und Kontrolle insbesondere letzteres auch als Vorgabe für neue Planungen zu verbessern.

Insofern sollte man stets von einem disziplinären Wissensmangement im engeren Sinn, nämlich einem auf ein Fachbereich beschränktem sprechen und vom einem Wissensmanagement im weiteren Sinn, welches dann dem Charakter von Wissen entsprechend, interdiziplinäre Eigenschaften aufweist und dementsprechend ganzheitliche Management-Ansätze erfordert. Ein solches Konzept, in das sich Managementansätze im engeren Sinn einfügen lassen, wird im weiteren Verlauf vorgestellt.

2.4.2 Gestaltungsdimensionen des Wissensmanagements

Schon die Begriffs- und Inhaltsbestimmungen von Wissen lassen die übergreifende und integrative Funktion von Wissensmanagement vermuten. Im Rahmen dieser wenn nicht neuen, dann zumindest in der aktuellen Diskussion stehenden Managementlehre, gilt es die Bereiche Informations-, Organisations- und Personalmanagement an einem gemeinsamen Ziel auszurichten. Denn diese drei Bereiche werden unter dem Begriff des Wissensmanagements subsumiert[20]. Diese Koordinationsfunktion, die den Kern der Aktualität des Themas repräsentiert, also das Neue darstellt, erfordert zur optimalen Nutzung der Potentiale, die der effiziente Einsatz von Wissensmanagement bietet, eine ganzheitliche Problemlösungsstrategie. Wesentliche Gestaltungelemente eines solchen ganzheitlichen Wissensmanagements sind neben der Informations- und Kommunikationstechnologie die Integration des Wissensmanagements in die Unternehmensorganisation sowie die

---

[19] Vgl. Grohmann, Hans-J.: Knowledge Management: Wissen effektiv nutzen, in: NOTES Magazin, 1998, Nr. 3, S. 12 ff.
[20] Vgl. @BRINT ™ (Hrsg.): Knowledge Management & Organizational Learning, www.brint.com/OrgLrng.htm, 05.07.98, S. 1.

konzeptionelle Entwicklung eines Management-Szenarios zum Aufbau von Methoden zur Wissensakquisition, -aufbereitung, -speicherung und -übermittlung bzw. -transfer. In diesem Zusammenhang ist ein zielorientiertes Personalmanagement zur Gestaltung einer adäquaten Unternehmenskultur, die einen kontinuierlichen Wissenstransfer unterstützt, ein wesentlichen Erfolgsfaktor[21]. Abbildung 2 zeigt die Gestaltungsdimensionen und ihre wesentlichen Barrieren. Diese Barrieren gilt es im Bereich des operativen Wissensmanagements unter zur Hilfenahme geeigneter Instrumente zu verringern oder besser zu beseitigen.

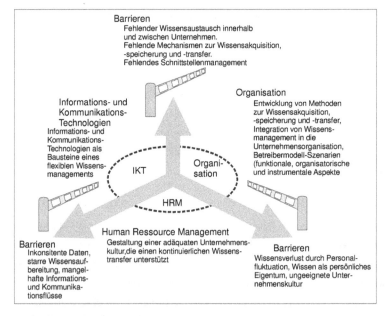

Abbildung 2: Gestaltungsdimensionen eines ganzheitlichen Wissensmanagements

Entworfen und gezeichnet: Verfasser, in Anlehnung an Bullinger, Hans-Jörg, Wörner, Kai, Prieto, Juan: Wissensmanagement heute: Daten, Fakten, Trends, Stuttgart 1997, S. 10.

Zum erfolgreichen Management der Ressource Wissen gehört demnach mehr als nur die Einführung von Informations- und Kommunikationstechnologien. Der Einsatz von unternehmensinternen Computernetzen, z.B. in Form von Intranets, und Daten-

---

[21] Vgl. Bullinger, Hans-Jörg, Wörner, Kai, Prieto, Juan: Wissensmanagement heute: Daten, Fakten, Trends, Stuttgart 1997, S. 9.

banksystemen ist zwar ein geeignetes Element im vorgestellten Konzept, ohne die begleitenden Maßnahmen jedoch wenig erfolgversprechend. Es sind Rahmenbedingungen zu schaffen, die die Mitarbeiter im Unternehmen dazu veranlassen, ihr Wissen zu (ver)teilen und zu nutzen. Hier ist neben einer entsprechenden Unternehmenskultur vor allem die Entwicklung sowohl materieller als auch immaterieller Anreizsysteme ein entscheidender Faktor. Wichtig für die Akzeptanz solcher Anreizsysteme ist eine Prägung der Unternehmenskultur durch Offenheit, Ehrlichkeit und Vertrauen. Nur wenn Mitarbeiter Vertrauen in ihr Unternehmen haben, sind sie bereit, ihr Wissen weiterzutragen. In diesem Fall bedeutet Vertrauen, daß die Mitarbeiter nicht das Gefühl der Ausbeutung haben dürfen. [22]

Die Basis dieser Gestaltungsdimensionen bilden Einzelprozesse zum Management von Wissen. Sie können über entsprechende Modelle dargestellt werden, welche im folgenden näher erläutert werden.

2.4.3 Modelle des Wissensmanagements

Nachdem deutlich geworden ist, welche Vielseitigkeit zum optimalen Umgang mit der Ressource Wissen nötig ist, stellt sich die Frage, mit welchem Konzept die Unternehmen vorgehen sollen, um durch eine Veränderung der Wissensbasis die Erreichung der Unternehmensziele zu unterstützen. Hierzu werden in der Literatur verschiedene Ansätze vorgeschlagen, die sich zum einen hinsichtlich ihres Verständnisses von Wissen und zum anderen in ihrer Komplexität unterscheiden. Zunächst sollen jene genannt werden, die Wissen als Objekt verstehen. Diese Ansätze halten den Wissensaufbau- und -transfer für deterministisch plan-, steuer-, und meßbar, da die Lösung der Problemstellung durch rationale Entscheidungsprozesse herbeigeführt werden kann. Somit steht hier die Wissensverteilung und Nutzung im Vordergrund und die Komplexität beschränkt sich auf die Logistik der Ressource Wissen. Das Lebenszyklusmodell von Rehäuser und Krcmar[23] ist ein Vertreter dieser eher technikorientierten Linie.

Dieses Modell enthält fünf Managementphasen, die jene technikdominierende Sicht unterstreichen und sich schwerpunktmäßig mit der Verarbeitung expliziten Wissens beschäftigen. Der Zyklus beginnt mit dem Management der Wissens- und Informationsquellen, worunter die Autoren das Erkennen und Erheben von Wissen, das bisher noch keinen Eingang in die Wissensträger und Informationsressourcen der Unter-

---

[22] Vgl. Bullinger, Hans-Jörg, Wörner, Kai, Prieto, Juan, a.a.O., S. 9 f.
[23] Vgl. Rehäuser, Jakob, Krcmar, Helmut, a.a.O., S. 18 ff.

nehmens gefunden hat, verstehen. In der zweiten Phase, dem Management der Wissensträger, steht die Darstellung und Speicherung des Wissens, die Bereitstellung geeigneter Wissensträger und Zugriffsmöglichkeiten, sowie die Pflege und Instandhaltung dieser meist technischen Einrichtungen im Vordergrund. Die Bereitstellung des für die Lösung wissensorientierter Probleme benötigten Wissens bestimmt die Hauptaufgabe der dritten Phase, dem Management des Wissensangebotes. Wissen wird aufbereitet und dem Anwender in geeigneter Form zur Verfügung gestellt. Auch hier gibt die Informations- und Kommunikationstechnik in Verbindung mit Software-Konzepten wie dem des Data-Warehouse die Umsetzungsmöglichkeiten vor. In der vierten Phase, dem Management des Wissensbedarfs, wird das Wissen in Produkte und Dienstleistungen umgesetzt. Lediglich in der fünften Phase, dem Management der Infrastruktur, sehen Rehäuser und Krcmar neben einer technologischen Infrastruktur auch die Notwendigkeit, der Schaffung einer personellen und organisatorischen Infrasturktur.[24]

Insgesamt gehen die Autoren jedoch nicht darauf ein, wie ein selbstorganisierter Prozeß im Unternehmen abläuft, und auch die Problemstellung, wie das Management gestaltend und steuernd eingreifen kann, bleibt unbeachtet. Des weiteren stellen sie keine Verbindung zu den übergeordneten Unternehmenszielen her.

Diesen Ansätzen gegenüber stehen jene, die Wissen als Prozeß auffassen und die ihre vordringlichste Aufgabe in der Gestaltung von Rahmenbedingungen sehen, die selbststeuernde Lernprozesse zulassen. Hierbei wird die Komplexität durch Selbststeuerung reduziert. Ein einmal angeschobener Prozeß erfährt hierbei eine Eigendynamik. Einen entsprechenden konzeptionellen Rahmen zur Gestaltung des Wissensmanagements hat Schüppel mit seinem Modell der „Vier Akte zum Wissensmanagement"[25] aufgestellt. Die vier aufeinanderfolgenden Akte sind auf die Ausschöpfung der prinzipiell erreichbaren Wissen- und Lernpotentiale einer Organisation gerichtet.

Hauptaugenmerk gilt hierbei im ersten Akt der Rekonstruktion der Wissensbasis, wobei die zentrale Aufgabenstellung darin liegt, die für das jeweilige Unternehmen charakteristischen Wissenselemente zu analysieren. Eine Betrachtung der Wertschöpfungsaktivitäten, der Geschäftsprozesse, der Produkte, der Vernetzungen und der strukturellen Rahmenbedingungen soll einen Überblick über das organisations-

---

[24] Vgl. Rehäuser, Jakob, Krcmar, Helmut, a.a.O., S. 18 ff.
[25] Vgl. Schüppel, Jürgen: Wissensmanagement: Organisatorisches Lernen im Spannungsfeld von Wissens- und Lernbarrieren, Wiesbaden 1996, S. 192 ff.

interne und -externe Kernwissen erbringen. Im zweiten Akt, der Analyse der Lernprozesse, sollen sich die organisatorischen Einheiten des Unternehmen in selbst-
reflektierender Weise sowohl mit den individuellen, als auch mit den kollektiven
Lernprozessen auseinandersetzen. Dies erfolgt mit dem Ziel zu erkennen, wer mit
welchem Wissen an diesen Lernprozessen beteiligt war, um daraus für den vierten
Akt Anschubpotentiale zur Durchführung neuer Lernprozesse zu generieren.
Zunächst wird jedoch in Akt drei eine Identifizierung des in jedem Lernprozeß
potentiell vorhandenen Wissens und der möglichen Lernbarrieren durchgeführt. Die
in den Akten eins bis drei gewonnenen Erkenntnisse führen dann im vierten Akt zu
einer Gestaltung des organisationsindividuellen operativen Wissensmanagements,
wobei dies als Optimierungsversuch angesehen wird, der sich gleichzeitig auf die in
Abschnitt 3.1 näher beschriebenen Ausprägungsformen des Wissens auf Unternehmensebene bezieht.

Dieser Ansatz erfaßt Wissen zwar seiner Natur nach als Ergebnis eines Lern-
prozesses, stellt jedoch kein vollständiges Management-Konzept dar, das Ziele
vorgibt, die Durchführung plant und realisiert, sowie nach erfolgter Umsetzung eine
Kontrolle erzwingt. Dies wird auch dadurch deutlich, daß es keinen zwingenden
Zusammenhang zwischen Unternehmens- und Wissenszielen gibt.

Das nachstehend dargestellte Modell eines ganzheitlichen Wissensmanagements
wurde gemeinsam von Probst, Raub, Romhardt und den Unternehmen der „Geneva
Knowledge Group" entwickelt und wird als „Bausteine des Wissensmanagements"[26]
bezeichnet. Dieses Modell vollzieht die Anbindung an die allgemeinen Unternehmensziele, indem es sich an den klassischen Managementprozeß anlehnt. Dies
gelingt dadurch, daß eine Verbindung der insgesamt sechs operativen Bausteine zu
den Anfangs- und Endpunkten des Managementprozesses, der Zielvorgabe und der
Kontrolle durch die Bausteine „Wissensziele definieren" und „Wissen bewerten"
gezogen wird. Die sechs weiteren Bausteine sehen ebenso wie das Lebenszyklus-
Modell den Wissensaufbau- und -transfer als plan-, steuer-, und meßbar an, indem
sie rationale Entscheidungsprozesse in den Vordergrund rücken, unterstreichen aber
sowohl innerhalb der Bausteine als auch durch ihre Verbindung untereinander, daß
für den Erfolg der Maßnahmen auch die organisatorischen Rahmenbedingungen
derart geändert werden müssen, daß sich selbststeuernde Lernprozesse herausbilden

---

[26] Vgl. Probst, Gilbert, Raub, Steffen, Romhardt, Kai: Wissen managen: Wie Unternehmen ihre
wertvollste Ressource optimal nutzen., 2.Aufl.,Wiesbaden 1998, S. 47 ff.

können. Somit nimmt dieses Modell eine Mittelstellung ein. Im folgenden sollen nun die Bausteine im einzelnen beschrieben werden, wobei sie gleichsam die Aufgaben des Wissensmanagements darstellen.

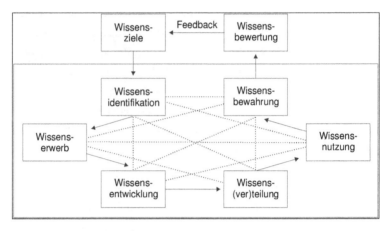

Abbildung 3: Bausteine des Wissensmanagements

Quelle: Probst, Gilbert, Raub, Steffen, Romhardt, Kai, a.a.O., S. 56.

1. Wissensziele definieren

   Damit eine Kontrolle der Aktivitäten durchgeführt werden kann, ist es nötig Wissensziele festzulegen. Sie stellen die wissensbezogene Umsetzung der Unternehmensziele dar und sorgen dafür, daß unternehmensinternen Lernprozessen eine Richtung vorgegeben wird. Bei der Formulierung sollte in einen strategischen, einen normativen und einen operativen Teil unterschieden werden und stets auch die Möglichkeit der Erfolgsmessung berücksichtigt werden. Um die mit der Definition und der Umsetzung von Wissenszielen verbundenen Hindernisse zu verringern, ist meist eine Anpassung der Unternehmenskultur nötig, die dann auch vom Management gelebt werden muß. Hier werden also die Vorgaben gemacht, die nötig sind, um ein Wissensmanagement zu implementieren, dessen Erfolgskontrolle im letzten Baustein erfolgt.[27]

2. Wissen identifizieren

   Zunächst gilt es für die Unternehmen, sich Klarheit über ihre internen Fähigkeiten, Kompetenzen, Wissensträger und Netzwerke zu verschaffen. Hierbei wird

---

[27] Vgl. Probst, Gilbert, Raub, Steffen, Romhardt, Kai, a.a.O., S. 96 f.

deutlich, daß Dezentralisierung, Globalisierung, Restrukturierung und die steigende Fluktuation der Mitarbeiter die interne Transparenz erschweren. Es muß eine Wissenstransparenz geschaffen werden, die Wissenslücken deutlich werden läßt, damit eigens hierfür etablierte Verantwortliche, die sogenannten Wissensmanager, diese schließen können. Sie sollen mit Hilfe interner und externer Netzwerke eine schnelle und qualitativ hochwertige Identifikation von Wissen und Wissensträgern ermöglichen. Des weiteren gilt es, Recherchierfunktionen und Suchstrategien zu entwickeln, um externes Wissen und Wissensträger ausfindig zu machen.[28]

3. Wissen erwerben

In diesem Baustein werden die Maßnahmen zusammengefaßt, die ergriffen werden können, um die eigene Wissensbasis durch externe Einflüsse zu erweitern. Dies kann durch Aktivitäten auf externen Wissensmärkten erfolgen, indem externe Wissensträger eingekauft, Wissen anderer Firmen durch die Bildung von Allianzen gewonnen, Stakeholderwissen erworben oder Wissensprodukte, wie Software oder immaterielle Güter gekauft werden. Hierbei gilt es zu unterscheiden, inwieweit das erworbene Wissen direkt verwendet werden kann oder ob es sich lediglich um Wissenspotentiale handelt.[29]

4. Wissen entwickeln

Im Mittelpunkt dieses Bausteins steht die Entwicklung neuer Fähigkeiten, neuer Produkte, besserer Ideen und leistungsfähigerer Prozesse, wobei die Wissensentwicklung als komplementärer Baustein zum Wissenserwerb gesehen wird. Dabei spielt sich Wissensentwicklung nicht nur in Forschungs- und Entwicklungsabteilungen ab, sondern betrifft alle Bereiche, in denen relevantes Wissen für das Unternehmen erstellt und gebraucht wird. Wissen entsteht oft als Nebenprodukt diverser Aktivitäten und muß dann nur als solches erkannt werden. Dies gilt insbesondere bei der Externalisierung impliziten Wissens, welche sowohl durch Interaktion und Kommunikation der Akteure, als auch durch Transparenz und Integration gefördert werden kann. Hierbei besteht jedoch die Gefahr, daß es zu einer Entkoppelung des Wissensentstehungsprozesses von den Wissenszielen kommt. Dies ist im Sinne einer optimalen Ressourcennutzung zu vermeiden.[30]

---

[28] Vgl. Probst, Gilbert, Raub, Steffen, Romhardt, Kai, a.a.O., S. 98 ff.
[29] Vgl. Probst, Gilbert, Raub, Steffen, Romhardt, Kai, a.a.O., S. 144 ff.
[30] Vgl. Probst, Gilbert, Raub, Steffen, Romhardt, Kai, a.a.O., S. 175 ff.

5. Wissen (ver)teilen

Die aus der Sicht der Wissens(ver)teilung gegenläufigen Trends wie Gruppen-arbeit, ständig wechselnde Kooperationen und Virtualisierung auf der einen Seite und eine immer stärkere Vernetzung der Unternehmen auf der anderen Seite, lassen eben diese Wissensverteilung eine Schlüsselrolle im Rahmen des Wissensmanagements einnehmen. Ihr kommt durch die Unterstützung zentraler Wettbewerbsfaktoren wie Zeit und Qualität und der Bedeutung für andere Bau-steine eine Hebelfunktion zu. Obwohl die Wissens(ver)teilung kein mechanischer Akt sein kann, eröffnen gerade die jüngsten Verbesserungen der Informations- und Kommunikationstechnologie in diesem Bereich neue Möglichkeiten, was die Bedeutung dieser Entwicklung für das Wissensmanagement unterstreicht. Die wesentlichen Aufgaben dieses Bausteines sind die Multiplikation von Wissen durch eine rasche Verteilung auf eine Vielzahl von Mitarbeitern, die Sicherung und Teilung gemachter Erfahrungen und der teilweise simultane Wissens-austausch, der eine Grundlage der Entwicklung neuen Wissens darstellt. Eine effiziente Wissens(ver)teilung bedeutet dabei jedoch auch, die Mitarbeiter nicht mit für sie unwichtigem Wissen zu überfordern. Es müssen nicht nur die Mittel, sondern auch der Umfang des Einsatzes festgelegt werden. Die größten Hinder-nisse stellen dabei meist individuell oder strukturell verankerte Barrieren aus Macht- und Vertrauensfragen dar. [31]

6. Wissen nutzen

Aufgabe dieses Bausteines ist es, das im Rahmen der vorhergehenden Bausteine neuerarbeitete Wissen nutzenstiftenderweise in die betrieblichen Prozesse zu integrieren. Die Nutzung von Wissen kann somit als Verwertungsphase innerhalb des Wissensmanagements angesehen werden. Analog zu den Barrieren im Bereich der Wissens(ver)teilung gilt es auch hierbei, Hindernisse zu beseitigen, die meist der Angst vor der Bloßstellung individueller Schwächen oder auf prin-zipiellem Mißtrauen Fremden gegenüber beruhen. Hierzu ist es nötig, daß schon innerhalb der anderen Bausteine stets die Belange der Wissensnutzer Berück-sichtigung finden. Diese Verzahnung und bedingte Abhängigkeit der Bausteine

---

[31] Vgl. Probst, Gilbert, Raub, Steffen, Romhardt, Kai, a.a.O., S. 219 ff.

untereinander wird in der grafischen Darstellung durch die zahlreichen Verbindungen der Bausteine zueinander verdeutlicht. [32]

7. Wissen bewahren

Die Bedeutung dieses Punktes wird oft erst deutlich, wenn der Wert des „organisatorischen Gedächtnisses" durch Maßnahmen der personellen Verjüngung oder dem Outsourcing im Zuge von Reorganisationsprozessen unterschätzt wird. Dann nämlich wird deutlich, daß die Elemente des individuellen Wissens unwiederbringlich verloren sind. Aus diesem Grund ist es wichtig, laufend Wissen zu selektieren, zu speichern und das Gespeicherte zu aktualisieren. Nur so ist es möglich, eine gegenseitige Entkoppelung der verschiedenen Wissensträger und somit eine Unabhängigkeit von diesen zu gewährleisten. Auch dieser Bereich wird durch die fortschreitende Digitalisierung mit zunehmend fast unbegrenzter Speichermöglichkeiten in jüngster Zeit fast revolutioniert. Wissensbewahrung soll dem organisationalen Vergessen, das seine Ursachen auf individueller, kollektiver oder elektronischer Ebene haben kann, entgegenwirken. [33]

8. Wissen bewerten

Wissensbewertung ist die grundsätzliche Voraussetzung zur Messung der Effizienz des Wissensmanagements und somit für eine Kontrolle im Rahmen der klassischen Managementprozesse unabdingbar. Die hier gewonnenen Erkenntnisse sollen im Rahmen eines Wissens-Controllings ein Feedback geben, auf dessen Grundlage weitere Maßnahmen geplant werden können. Probleme ergeben sich insbesondere in der Messung der erzielten Wirkungen. Aufgrund der betriebswirtschaftlichen Bedeutung und der im Gegensatz zur Definition der Ziele im Hinblick auf die besonderen Charakteristika von Wissen spezielle Problemstellung wird auf diese Problematik in Abschnitt 3.3 detaillierter eingegangen. [34]

Das hier dargestellte Konzept bildet beispielsweise einem Ansatz, wie ihn die sowohl die Daimler-Benz Tochter Deutsche Aerospace AG als auch die Deutsche Bank AG verfolgen [35].

---

[32] Vgl. Probst, Gilbert, Raub, Steffen, Romhardt, Kai, a.a.O., S. 263 ff.

[33] Vgl.Probst, Gilbert, Raub, Steffen, Romhardt, Kai, a.a.O., S. 283 ff.

[34] Vgl.Probst, Gilbert, Raub, Steffen, Romhardt, Kai, a.a.O., S. 315 ff.

[35] Vgl. Saloga, Gisela, Fill, Christian: IT hält Mitarbeiter auf dem laufenden, in: Information Week, 1998, Nr. 18, S. 72 f.

3 Betrachtung von Wissen auf Unternehmensebene

3.1 Ausprägungsformen des Wissens und die entsprechenden Methoden des Wissensmanagements

3.1.1 Darstellung der Ausprägungsformen

Gemäß o.a. Begriffsbestimmung ist Wissen deutlich von Daten und Information zu differenzieren, doch in welcher Form liegt es in Unternehmen vor, so daß es in Übereinstimmung mit dem Unternehmensziel genutzt werden kann? Zunächst bleibt festzuhalten, daß es nach den Wissensträgern differenziert werden muß. Somit gibt es in einem Unternehmen individuelles und organisationelles bzw. kollektives Wissen. Dieses wird dann wiederum nach der Art seiner Kompensation in implizit und explizit differenziert. Darüber hinaus unterliegt das Wissen in Unternehmen sowohl bezüglich seiner Einsetzbarkeit, als auch hinsichtlich seiner Verfügbarkeit einer zeitlichen Dimension. Aber nicht nur die Unterscheidung der bisher genannten Merkmale, auch die Kenntnis über die Entstehung und Vertiefung von Wissen bilden ein Kriterium für die Einteilung der vielfältigen Instrumente im Rahmen des Wissensmanagements.

Deshalb werden im folgenden die wesentlichen Kriterien noch einmal näher erläutert, die jeweiligen Instrumente in tabellarischer Form skizziert und den jeweiligen Bausteinen des Wissensmanagements des vom Verfasser dieser Arbeit präferierten Konzeptes von Probst, Raub und Romhardt zugeordnet.

3.1.2 Gegenüberstellung ausgewählter Ausprägungsformen

3.1.2.1 Erfahrungswissen versus Rationalitätswissen

Ein wesentliches Beschreibungskriterium bei der Betrachtung von Wissen in Unternehmen ist die Art und Weise, wie es erworben und vertieft wird. Hier kann differenziert werden nach Erfahrungswissen und Rationalitätswissen. Entsteht Erfahrungswissen aufgrund von Lern- und Erfahrungsprozessen im Umgang mit der Umwelt, so bezeichnet man als Rationalitätswissen jene Kenntnisse, die sich einzelne Mitarbeiter und Mitarbeitergruppen erarbeiten, indem sie durch Erfahrung gewonnene Wissenselemente kritisch reflektieren[36].

Entsprechend der Unterschiede der beiden Wissensarten, müssen von der Unternehmensführung Instrumente eingesetzt werden, die den jeweiligen Aufbau von Wissen fördern. Dies sind beim Erfahrungswissen Instrumente, die den Erlebnis- und Erfahrungshorizont der Mitarbeiter systematisch erweitern, indem die gemachten Erfahrungen sowohl geistig, als auch körperlich wahrgenommen werden[37]. Eine Auswahl der möglichen Instrumente wird in den folgenden Tabellen dargestellt, wobei die Reihenfolge dem in einer Studie[38] ermittelten Grad des Einsatzes entspricht. Die Tabellen geben sowohl eine Beschreibung als auch eine Wirkungsanalyse der Instrumente wieder, und stellen eine Verbindung zu den Bausteinen des Wissensmanagements her.

Instrument	Beschreibung	Wirkung	Baustein
Inner- und außerbetriebliche Weiterbildung	Erlernen von fachlichen Wissen durch Schulung und Trainings	Schließung individueller Wissenslücken, bessere Vorbereitung auf die Bewältigung neuer Aufgabengebiete; Förderung des Anpassungspotentials des Unternehmens	Wissenserwerb und -entwicklung
Gruppen- und Projektarbeit	Übertragung ganzheitlicher Aufgabenstellungen an teilautonome Gruppen	Integratives und funktionsübergreifendes Lernen, Erhöhung der Flexibilität des gesamten Unternehmens	Wissensentwicklung
Job Rotation	Systematischer Wechsel von Arbeitsplatz und Tätigkeitsprofil	Reduzierung von Monotonie; Förderung von integrativem und funktionsübergreifenden Denkens und Ausbau der individuellen Wissensbasis, Erhöhung der Flexibilität von Unternehmen	Wissens-(ver)teilung
Feedback-Schleifen	Etablierung eines computergestützten Informationssystemes mit Kopplung an bestehende wissensbasierte Daten	Schnellere Reaktion und Anpassung an Änderungen relevanter Umweltdaten	Wissensnutzung
Job Redesign	Neustrukturierung des Arbeitsplatzes der Mitarbeiter	Erweiterung der individuellen Wissensbasis, Steigerung der Erfahrungsvarietät	Wissenserwerb
Dezentrale, selbständige Organisationen	Schaffung einer dezentralen, marktnahen Unternehmensstruktur	Implementierung dezentraler Wissensstrukturen	Wissensnutzung

Tabelle 1: Bezug der Instrumente zum Management von Erfahrungswissen zu den Bausteinen des Wissensmanagements

Entworfen und gezeichnet: Verfasser, in Anlehnung an Internationales Institut für Lernende Organisation und Innovation: Knowledge Management: Ein

---

[36] Vgl. Internationales Institut für Lernende Organisation und Innovation: Knowledge Management: Ein empirisch gestützter Leitfaden zum Management des Produktionsfaktors Wissen, München 1997, S. 7.
[37] Vgl. Internationales Institut für Lernende Organisation und Innovation, a.a.O., S. 7.
[38] Vgl. Internationales Institut für Lernende Organisation und Innovation, a.a.O., S. 16 ff.

empirisch gestützter Leitfaden zum Management des Produktionsfaktors
Wissen, München 1997, S. 8.

Beim Rationalitätswissen steht im Gegensatz zum Erfahrungswissen nicht der Erwerb des Wissens, sondern deren Vertiefung im Vordergrund. Diese Vertiefung geschieht durch kritische Reflexion des Erfahrungswissens hinsichtlich seiner Plausibilität, Relevanz und Anschlußfähigkeit. Dieses permanente Wechselspiel zwischen Erfahrungs- und Rationalitätswissen führt zu einer nachhaltigen Entwicklung einer unternehmensweiten Wissensbasis. Somit gilt es hier Maßnahmen zu ergreifen, die die Reflexion des Wissens der Mitarbeiter fördern. Hierbei handelt es sich um ein Bündel von Maßnahmen, die erst in jüngster Zeit im betrieblichen Einsatz sind, da man dieser Aufgabe bisher keine Bedeutung zugerechnet hat.

Instrument	Beschreibung	Wirkung	Baustein
Coaching	Persönliche und fachliche Beratung mit Feedback durch externen Trainer	Reflexion individueller Handlungen und der Persönlichkeitsentwicklung	Wissens-bewahrung
Konfrontationstreffen (community of practise)	Diskussion über individuelle bzw. kollektive Handlungsmuster	Verbreitung und Verbesserung individueller bzw. kollektiver Handlungsmuster	Wissens-(ver)teilung
Analyse der Umweltbeziehungen des Unternehmens	Betrachtung der Beziehungen zu Stakeholdern aus Unternehmenssicht	Vergegenwärtigung der auf Stakeholdern basierenden externen Wissensbasis der Unternehmung	Wissens-identifikation

Tabelle 2: Bezug der Instrumente zum Management von Rationalitätswissen zu den Bausteinen des Wissensmanagements

Entworfen und gezeichnet: Verfasser, in Anlehnung an Internationales Institut für Lernende Organisation und Innovation, a.a.O., S. 8.

3.1.2.2   Aktuelles Wissen versus zukünftiges Wissen

Neben der bisher dargestellten Möglichkeit, Wissen bezüglich seines Erwerbs und Vertiefung und dementsprechend nach seiner Reichhaltigkeit gegenüberzustellen, muß man dies unternehmensspezifisch auch im Hinblick auf die zeitliche Relevanz der Wissensinhalte durchführen. Es wird also weiterhin differenziert in aktuelles und zukünftiges Wissen. Dabei wird unter aktuellem Wissen jenes Erfolgswissen subsumiert, das gegenwärtig vorhanden und notwendig ist, um die Möglichkeit zu haben, sowohl am Markt bestehen zu können, als auch seine Handlungsfähigkeit und Identität zu erhalten[39]. Aktuelles Wissen ist nötig, um derzeit Produkte und Dienstleistungen erbringen zu können, die wettbewerbsfähig sind und sich durch den

---

[39] Vgl. Internationales Institut für Lernende Organisation und Innovation, a.a.O., S. 5.

Einsatz des unternehmenspezifischen Wissens von anderen der gleichen Gattung unterscheiden.

Instrument	Beschreibung	Wirkung	Bausteine
Kompetenzzentren-Organisation	Zusammenfassung des aktuellen Erfolgswissens in organisatorisch selbständigen Einheiten	Marktorientierte Nutzung des aktuellen Wissens; Kostensenkung durch Mehrfachnutzung; Identifikation von aktuellen Wissenslücken	Wissens-nutzung
Wissensbasierte Computersysteme	Entwicklung von computer-gestützten Systemen zur Dokumentation und Distribution aktuell erforderlichen Wissens	Optimierung der Nutzung von gegenwärtig notwendigem Wissen	Wissens-bewahrung
Standardisierte Handlungsroutinen	Standardisierung des aktuell erforderlichen Erfolgswissen in Form vorstrukturierter Handlungsroutinen	Unternehmensweite Nutzung des aktuellen Erfolgswissens unabhängig vom originären Wissensträger; Optimierung des Wissenseinsatzes durch Aus-nutzung von Lernkurveneffekten	Wissens-nutzung
Erstellung des Ist-Wissensprofils	Systematische Auflistung des zur Erhaltung der Wettbewerbs-fähigkeit vorhandenen unternehmensweiten Wissens	Identifikation des auf die Kernkompetenzen bezogenen Erfolgswissens und der eigenen Wettbewerbsposition	Wissens-identifikation

Tabelle 3: Bezug der Instrumente zum Management von aktuellem Wissen zu den Bausteinen des Wissensmanagements

Entworfen und gezeichnet: Verfasser, in Anlehnung an Internationales Institut für Lernende Organisation und Innovation, a.a.O., S. 5 f.

Die Bedeutung von heute aktuellem Wissen kann grundsätzlich zu jedem Zeitpunkt auf Null sinken. An dieser Stelle sei auf die Halbwertzeit des Wissens verwiesen, die in Analogie zur Physik angibt, nach welchem Zeitraum nur noch die Hälfte des Wissens relevant ist. Dieser potentielle Wissenverfall, der um so größer ist, je spezieller das Wissen ist, zwingt auch die Unternehmen dazu, ihr Wissen permanent zu aktualisieren.[40]

Zur Sicherung der langfristigen Wettbewerbsposition ist das zukünftige Wissen bestimmend, da es sowohl für die langfristige Handlungsfähigkeit, als auch für die Erschließung neuer Erfolgspotentiale wichtig ist. Aufgabe des Managements ist es, Wissenslücken zu schließen und weiteres Wissen zu erwerben.[41]

---

[40] Vgl. Bürgel, Hans Dietmar, Zeller, Andreas: Forschung & Entwicklung als Wissenscenter, in: Wissensmanagement: Schritte zum intelligenten Unternehmen, Hrsg.: Hans Dietmar Bürgel, Berlin, Heidelberg, u.a. 1998, S. 55.

[41] Vgl. Internationales Institut für Lernende Organisation und Innovation, a.a.O., S. 6.

Instrument	Beschreibung	Wirkung	Bausteine
Personal- und Teamentwicklung	Aufbau von zukünftig notwendigem Wissen und Qualifikationen durch Instrumente der Personal-entwicklung und Weiterbildung	Langfristig ausgerichtete Ergänzung bzw. Erweiterung der Qualifikation der Unternehmensmitglieder	Wissens-erwerb
„Kaizen"	Bemühen um kontinuierliche Verbesserungsprozesse zur Optimierung der Geschäftsprozesse	Lernende Organisation bzw. Permanente Aktualisierung des organisatorischen Wissens innerhalb des Unternehmens	Wissens-entwickung und -verteilung
Freiräume für Experimente	Gewährung von Freiräumen zur Erprobung und Umsetzung neuer Ideen am Arbeitsplatz oder in bestimmten Entscheidungs-situationen	Förderung der Internalisierung zukunftsrelevanten Wissens in Geschäftsprozessen durch unmittelbare Umsetzung neuer Ideen	Wissens-erwerb
Externe Wissensträger	Akquisition zukunftsrelevanten Wissens über unternehmens-externe Wissensträger	Schließung von zukunftsrelevanten Wissenslücken des Unternehmens	Wissens-erwerb
Simulation von Zukunftswelten	Simulation der Effekte möglicher Zukunftsbedingungen auf die eigenen Geschäftsprozesse	Sensibilisierung für die Auswirkungen zukünftiger Ent-wicklungen und deren Zusammen-hänge mit eigenen Handlungs-optionen; Aufbau von zukünftig notwendigem Wissen im Rahmen möglicher Handlungsstrategien	Wissens-nutzung
Erstellung des Soll-Wissensprofils	Systematische Auflistung des zukunftsrelevanten Wissens zur langfristigen Erhaltung der Wettbewerbsfähigkeit	Bestimmung des zukünftig erforderlichen Wissens durch Gegenüberstellung mit Ist-Wissenprofil	Wissens-bewahrung

Tabelle 4: Bezug der Instrumente zum Management von zukünftigem Wissen zu den Bausteinen des Wissensmanagements

Entworfen und gezeichnet: Verfasser, in Anlehnung an Internationales Institut für Lernende Organisation und Innovation, a.a.O., S. 6.

3.1.2.3 Internes Wissen versus externes Wissen

Ein weiteres Kriterium für die Differenzierung des für Unternehmen relevanten Wissens sind die verschiedenen Wissensträger. Internes Wissen kann einerseits von einzelnen Unternehmensmitgliedern, anderseits aber auch von Funktionsbereichen oder dem Gesamtunternehmen getragen werden. Die Unternehmensführung hat die Aufgabe, dieses Wissen zum richtigen Zeitpunkt in der notwendigen Quantität und Qualität allen, die es benötigen, zur Verfügung zu stellen. Darüber hinaus müssen Austrittsbarrieren für die wichtigen Wissensträger aufgebaut werden, und bedeut-sames Wissen muß unabhängig von seinen originären Trägern im Unternehmen gespeichert werden.

Instrument	Beschreibung	Wirkung	Bausteine
Erhöhung des Handlungsspielraumes	Strukturelle Erweiterung von Aufgabengebieten, Verantwortung und Kompetenzen	Ausschöpfung latent vorhandener Wissenspotentiale durch erweiterte Umsetzungschancen eigener Ideen	Wissensentwicklung
Vorschlagswesen, Ideenwettbewerbe	Implementierung von Verfahren zur Abgabe von Vorschlägen zur Verbesserung von Arbeitsprozessen	Anreiz zur Reflexion sowohl eigener, als auch fremder Arbeitsabläufe, Aktivierung latent vorhandenen Wissens	Wissens-(ver)teilung
Wissenslandkarten	Systematische Auflistung der unternehmensintern vorhandenen Wissenspotentiale	Visualisierung der eigenen Wissensbasis, Aufbau von Metawissen	Wissensidentifikation
Wissensbranchenbuch	Systematischer Katalog von unternehmensrelevantem Wissen nach Problembereichen und/oder Wissenträgern sortiert	Vereinfachung der Bearbeitung sich wiederholender Problemstellungen; Multiplikation vorhanden Wissens	Wissensidentifikation und (ver)teilung
Wissens-Broker	Installation von Experten, die als „Marktmacher" zwischen Wissensnachfragern und -anbietern fungieren	Professionalisierung des Wissensaustausches hinsichtlich Geschwindigkeit und Qualität; Schaffung eines unternehmensinternen Marktes für relevantes Wissen	Wissens-(ver)teilung
Multifunktionale Projektgruppen, Qualitätszirkel (Best-of-Practice)	(zeitlich befristete) Zusammenführung unterschiedlicher Wissensträger zur Lösung komplexer Aufgaben	Erhöhung der Lösungsfähigkeit durch multiple Wissensbasen	Wissensentwicklung
Wissensbasierte Computersysteme, Handbücher und interne Weisungsdienste	Entwicklung von Systemen zur Wissensdokumentation, -systematisierung, -multiplikation und akkumulation	Unternehmensweite Identifikation und Multiplikation von Wissen; Beschleunigung der Wissenslogistikprozesse; Transformation von individuellem in organisatorisches Wissen	Wissensbewahrung
Kommunikationsforen Communities of Practice	Einrichten von Plattformen zur Förderung der horizontalen und vertikalen Kommunikation innerhalb des Unternehmens	Förderung der Wissensdiffusion und Transformation von individuellem in organisatorisches Wissen	Wissensentwicklung
Anreizsysteme für Träger von Schlüssel-Know-how	Materielle und immaterielle Mechanismen, die Träger von geschäftsbezogenem Schlüssel-Know-how zum Verbleib in dem Unternehmen bewegen	Vermeidung von Wissensverlust durch Abwanderung; nachhaltige Nutzung von individuellem Wissen	Wissensbewahrung
Entlohnung nach Wissensumschlag	Monetäre Anreize für Mitarbeiter, deren Wissen für Geschäftsprozesse. eingesetzt wird	Motivation zur Transformation von individuellem in organisatorisches Wissen	Wissens-(ver)teilung

Tabelle 5: Bezug der Instrumente zum Management von internem Wissen zu den Bausteinen des Wissensmanagements

Entworfen und gezeichnet: Verfasser, in Anlehnung an Internationales Institut für Lernende Organisation und Innovation, a.a.O., S. 3 f.

Die Bedeutung des Umfeldes wird für Unternehmen in einer sich immer schneller verändernden Welt immer größer. Deshalb ist eine Fokussierung auf jene Individuen und Organisation, die den Wertschöpfungsprozeß des Unternehmens unmittelbar beeinflussen oder in Zukunft beeinflussen könnten, ein zentrale Aufgabe. Es gilt das sogenannte Stakeholder-Wissen in das Unternehmen zu integrieren. Neben diesen externen Wissensträgern, die im direkten Umfeld des Unternehmens zu finden sind, gilt es aber auch allgemeine Entwicklungen zu erfassen. Das so gewonnene Wissen muß vor allem jenen internen Individuen und Funktionsbereichen zugänglich gemacht werden, die an der Entwicklung neuer Technologien und Produkte mitwirken.

Instrument	Beschreibung	Wirkung	Bausteine
Benchmarking Best-Practice	Vergleich des für konkrete Entscheidungsprobleme notwendigen Soll-Wissens mit dem intern vorhandenen Ist-Wissen	Identifikation und Schließung der Wissenslücken als Grundlage für die Wissensakquisition	Wissens-identifikation
Zusammenschlüsse	Wissensakquisition über diverse Formen des Zusammenschlusses von Unternehmen	Ergänzung bzw. Erweiterung des vorhandenen organisatorischen Wissens mit dem Wissen der Partnerunternehmen	Wissens-erwerb
Fremd-dienstleistungen	Beschaffung von Wissen über die zeitlich begrenzte Inanspruch-nahme von Fremddienstleistungen	Ergänzung bzw. Erweiterung des vorhandenen organisatorischen Wissens mit dem Wissen externer Experten	Wissens-erwerb
Neue Unternehmens-mitglieder	Wissensbeschaffung über die Einstellung neuer Mitarbeiter mit spezifischen, bisher in dem Unternehmen nicht vorhandenem Wissen	Ausbau des vorhandenen organisatorischen Wissens mit dem Wissen neuer Unternehmensmitglieder	Wissens-entwicklung
Technische Speichermedien	Wissensakqusition und – multiplikation durch Kauf und Nutzung von bespielten Speichermedien	Erweiterung des vorhandenen organisatorischen Wissens um auf technischen Speichermedien allgemein zugängliches Wissen zu internalisieren	Wissens-erwerb
Lizenzen und Franchising	Wissensbeschaffung von rechtlich geschütztem Wissen in Form von Lizenzen und Franchising u.ä.	Ergänzung bzw. Erweiterung des vorhandenen organisatorischen Wissens über den Kauf von immateriellen Wissensträgern; umfassende Nutzung fremder Wissensbasen	Wissens-erwerb
Stakeholder-Management	Wissensakquisition über Kooperationen mit Kunden, Lieferanten etc. meist durch Vernetzung	Nutzung des Wissens der für das Unternehmen entscheidenden Stakeholder; Vermeidung der Abkoppelung von der Unternehmensumwelt	Wissens-erwerb

Tabelle 6: Bezug der Instrumente zum Management von externem Wissen zu den Bausteinen des Wissensmanagements

Entworfen und gezeichnet: Verfasser, in Anlehnung an Internationales Institut für Lernende Organisation und Innovation, a.a.O., S. 4 f.

3.1.2.4 Implizites versus explizites Wissen

Eine Differenzierung von Wissen hinsichtlich der Transparenz und der Verfügbarkeit ist sowohl für das Verständnis der Ziele als auch der Aufgaben von Wissensmanagement von großer Bedeutung. Gemäß dieses Kriteriums wird unterschieden in implizites oder auch verborgenes Wissen (tacit knowledge) und explizites Wissen (explicit knowledge). „Implizites Wissen ist persönlich, kontextspezifisch und daher nur schwer kommunizierbar."[42]. Es ist ein Wissen, das technische und kognitive Elemente enthält und sich in den Erfahrungen der Mitarbeiter und ihrer Unternehmen manifestiert. „Explizites Wissen hingegen läßt sich in formaler, systematischer Sprache weitergeben."[43] Es kann in Form von Konzepten, Modellen, Berichten oder Arbeitsanweisungen unter zur Hilfenahme der verschiedensten Medien artikuliert und gespeichert werden.

Die beiden Japaner Nonaka und Takeuchi führen als Grundproblem der unternehmensinternen Wissensbeschaffung die Überführung von implizitem in explizites Wissen an. Denn erst wenn Wissen in expliziter Form vorliegt, ist es für das Unternehmen über einzelne Personen und Personengruppen hinaus nutzbar. Dieser Prozeß, der sich in vier Phasen einteilen läßt, ist für die unternehmensinterne Wissenserzeugung von großer Bedeutung und soll an dieser Stelle detaillierter beschrieben werden, da er eine Ergänzung zu den beschriebenen Instrumenten darstellt.

Die vier Phasen sind die Sozialisation, die Externalisierung, die Kombination und die Internalisierung. Unter Sozialisation, also dem Übergang von implizitem zu implizitem Wissen, wird der Austausch erlebten Wissens verstanden. Dies geschieht z.B. laufend während der beruflichen Ausbildung, wenn insbesondere im Handwerk Fertigkeiten vermittelt werden. Bedeutender für Unternehmen ist der Prozeß der Externalisierung, wo implizites Wissen durch die Abbildung in Metaphern, Analogien, Modellen oder Hypothesen explizite Form annimmt. Dieses dokumentierte explizite Wissen kann nun einer Vielzahl von Mitarbeitern zur Verfügung gestellt werden und führt in der Phase der Kombination durch systematisches Zusammenfügen verschiedenartigen expliziten Wissens zu neuem Wissen. Dieses wird dann in der Phase der Internalisierung von den Mitarbeitern verinnerlicht und in Handlungsroutinen umgesetzt.[44]

---

[42] Nonaka, Ikujiro, Takeuchi, Hirotaka, a.a.O., S. 72.
[43] Nonaka, Ikujiro, Takeuchi, Hirotaka, a.a.O., S. 72.
[44] Vgl. Nonaka, Ikujiro, Takeuchi, Hirotaka, a.a.O., S. 74 ff.

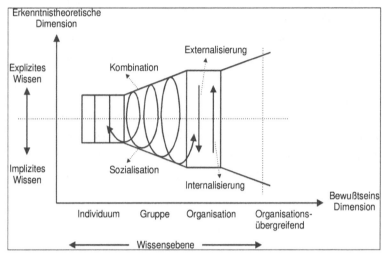

Abbildung 4: Spirale der Wissensschaffung in Unternehmen

Entworfen und gezeichnet: Verfasser, in Anlehnung an Nonaka, Ikujiro, Takeuchi
Hirotaka, a.a.O., S. 87.

Diese vier Phasen werden nun wiederholt durchlaufen. Dies führt, wie in Abbildung 4 dargestellt, zu einer spiralförmigen Ausbreitung des Wissens, sowohl auf der Bewußtseinsebene der Unternehmen, als auch auf der Erkenntnisebene der Individuen.

Die folgenden Tabelle zeigen nun Instrumente auf, die im Rahmen der oben genannten Prozesse zum Einsatz kommen können.

Instrument	Beschreibung	Wirkung	Bausteine
Erfahrungsbildung in Gruppen	Öffnung kollektiver Erfahrungshorizonte durch gemeinsame Erlebnisse	Weitergabe individuell-impliziten Wissens durch gemeinsame Erlebnisse an andere Unternehmensmitglieder	Wissens-entwicklung
Beobachtungs- und Modellernen	Reflexion und Imitation routinierter Handlungen	Weitergabe von impliziten Wissen, Handlungsroutinen und Sozialisationseffekte hinsichtlich bestehender Normen	Wissens-entwicklung
Metaphern, Analogien, ´Bildermalen´	Bildhafte Artikulation impliziten Wissens	Externalisierung und Darstellung von impliziten Wissen	Wissens-bewahrung

Tabelle 7: Bezug der Instrumente zum Management von implizitem Wissen zu den Bausteinen des Wissensmanagements

Entworfen und gezeichnet: Verfasser, in Anlehnung an Internationales Institut für Lernende Organisation und Innovation, a.a.O., S. 7.

Instrument	Beschreibung	Wirkung	Bausteine
Materialisierung in Dokumenten	Erfassung expliziten Wissens in Handbüchern, Wissenslandkarten, -branchenbüchern, etc.	Unternehmensweite Zugriffs – und Distributionsmöglichkeit von Wissen; vereinfachte und standardisierte Bearbeitung von stetig wiederkehrenden Aufgaben und Basis zur Kombination von Wissen	Wissens-(ver)teilung
Standardisierte Handlungsroutinen	Entwicklung von Standard Operating Procedures zur verstärkten Nutzung expliziten Wissens	Organisationsweite Nutzung des expliziten Erfolgswissens – unabhängig vom originären Wissensträger; Internalisierung von Wissen	Wissens-entwicklung

Tabelle 8: Bezug der Instrumente zum Management von explizitem Wissen zu den Bausteinen des Wissensmanagements

Entworfen und gezeichnet: Verfasser, in Anlehnung an Internationales Institut für Lernende Organisation und Innovation, a.a.O., S. 7.

3.2 Das Intellektuelle Kapital

3.2.1 Der Begriff des Intellektuellen Kapitals

Die Betrachtung von Wissen auf Unternehmensebene kann auch aus einem anderen Blickwinkel erfolgen. Bisher wurde Wissen als Ressource betrachtet, die es zu erwerben, entwickeln, (ver)teilen, nutzen und zu bewahren galt. Wenn Wissen nun aus der Sicht seines Wertes, also als Kapital und Teil des immateriellen Vermögens betrachtet wird, hilft dies den Stellenwert des Wissensmanagements mit dem des Finanzmanagements auf eine Stufe zu heben, da Wissen dann ein Teil des Unternehmenskapitals darstellt. Vertreter dieses Ansatzes sind Leif Edvinsson, der „Vicepresident, Intellectual Capital" der Firma Skandia AFS, Schweden, und Thomas A. Stewart, der Mitherausgeber der amerikanischen Wirtschaftszeitschrift „Fortune". Sie beschreiben Wissen als Intellektuelles Kapital. Hierunter verstehen sie Wissen, das in Wert umgewandelt werden kann[45].

Des weiteren hilft dieser Ansatz den schwer greifbaren Begriff des Wissens zu strukturieren und in einigen Aspekten meßbar zu machen. Im Rahmen dieser Betrachtung wird Wissen jedoch oftmals zu einem Objekt, das sich mit bilanzpolitischen Mitteln möglichst gut aufbereiten und darstellen läßt, um Geldgeber zu veranlassen, zusätzliche Mittel in das fortschrittliche Unternehmen zu investieren. Hinzu kommt, daß die Gefahr besteht, den Prozeßcharakter von Wissen zu vernachlässigen und Wissen wieder mit Informationen gleichzusetzen, da sich Informationen

---

[45] Vgl. Edvinsson, L., Sullivan, P.: Developing a model for managing intellectual capital, in: European Management Journal Vol. 14 (1996), No. 4, S. 358.

einfacher quantifizieren und bewerten lassen. Auf diese Problematik wird in Abschnitt 3.3 weiter eingegangen.

An dieser Stelle soll zunächst die strukturelle Einteilung des Intellektuellen Kapitals näher dargestellt werden, wie sie die folgende Abbildung beispielhaft wiedergibt.

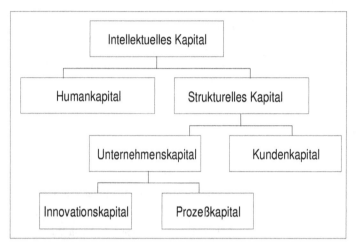

Abbildung 5: Struktur des Intellektuellen Kapitals
Quelle: Stewart, Thomas A., a.a.O., S. 248.

Bei der Einordnung des Kundenkapitals gibt es zwischen den beiden oben genannten Vertretern jedoch eine unterschiedliche Auffassung. Aufgrund der Tatsache, daß für Stewart das Besitzverhältnis bezüglich der Wissensträger und damit die Beeinflußbarkeit jener das ausschlaggebende Gliederungskriterium ist, stellt er Kundenkapital auf dieselbe Stufe wie Humankapital und strukturelles Kapital. Er gliedert es also abweichend von obiger Abbildung, die die Einteilung von Edvinnson wiedergibt. Hieraus folgt eine dreiteilige Beschreibung auf gleichgeordneten Ebenen, die verdeutlicht, daß auch eine entsprechende Steuerung erforderlich ist.

3.2.2 Formen des Intellektuellen Kapitals

3.2.2.1 Humankapital

In Analogie zu den Bausteinen des Wissensmanagements ist es zunächst erforderlich, Humankapital innerhalb des Unternehmens zu identifizieren. Als solches bezeichnet Stewart „die Fähigkeit einzelner, die dazu benötigt wird, Kunden Lösungen anzubieten"[46]. Es besteht demnach aus den Kompetenzen und Fähigkeiten der Mitarbeiter, die in die Wertschöpfung, also in Produkte und Dienstleistungen eingebracht werden können. Jedoch trägt nicht jeder Mitarbeiter gleichermaßen zur Wertschöpfung bei. Beim Managen des Humankapitals muß also analysiert werden, welche Mitarbeiter wertvolles Kapital darstellen und welche nicht. Das zweite Ziel muß es sein, den Umfang des im Unternehmen befindlichen personellen Wissens auszubauen und den Wert zu erhöhen. Hierbei ist zu bedenken, daß der Grenzwert für Investitionen in Humankapital um ein Vielfaches höher liegt, als bei Anlageinvestitionen. Entsprechend sollten die Investitionen in Personal auch mit Mitteln der Investitionsrechnung geplant und überprüft werden. In Abgrenzung zu Anlagegütern gilt als Folge der Charakteristika von Wissen jedoch auch, daß Humankapital in zweifacher Weise wächst. Zum einen dadurch, daß Unternehmen Mitarbeiterwissen nutzen, und zum anderen dadurch, daß Mitarbeiter Wissen erwerben.[47]

Das größte Problem bei der unternehmerischen Nutzung dieses Kapitals, liegt jedoch darin, daß es nicht Eigentum des Unternehmens ist. Wichtig für den dauerhaften Zugriff auf das Mitarbeiterwissen ist deshalb eine feste und langfristige Bindung. Diese kann durch eine Verknüpfung von Mitarbeitern mit dem Unternehmen über Beteiligungsmodelle erfolgen. Diese erhöhen zudem meist die Bereitschaft zur Wissensabgabe, da sie in einem engen Verhältnis zum eigenen Nutzen steht, und die nötige Vertrauensbasis geschaffen ist.[48]

3.2.2.2   Strukturelles Kapital

So wichtig das Humankapital auch für ein Unternehmen ist, hat es doch einen entscheidenden Nachteil: es ist in den Köpfen der Mitarbeiter vorhanden und dementsprechend an die Mitarbeiter gebunden. Verläßt ein Mitarbeiter ein Unternehmen, so nimmt er sein Wissen mit, welches damit dem Unternehmen verloren geht. Die zweite Form des Wissens, das Strukturelle Kapital entsteht durch die Fähigkeit eines Unternehmens, Wissen zu schaffen, welches dem Unternehmen innewohnt und nicht den einzelnen Mitarbeitern. Stewart prägte dazu den Satz: „Strukturelles Kapital ist Wissen, das über Nacht nicht nach Hause geht."[49] Strukturelles Kapital läßt sich unterteilen in kodifiziertes Vermögen wie z.B. Lizenzen,

---

[46] Stewart, Thomas A.: Der vierte Produktionsfaktor: Wachstum und Wettbewerbsvorteile durch Wissensmanagement, München, Wien 1998, S. 84.
[47] Vgl. Stewart, Thomas A., a.a.O., S. 87 ff.
[48] Vgl. Stewart, Thomas A., a.a.O., S. 107 ff.
[49] Stewart, Thomas A., a.a.O., S. 113.

Patente oder Rezepte und nicht-kodifziertes Vermögen, wie Strategie, Kultur, Strukturen, Systeme, Routine und Abläufe.[50] Für ein Unternehmen ist es, um das erworbene Humankapital sinnvoll einsetzen zu können, dringend notwendig, durch entsprechendes Management Strukturelles Kapital zu erwerben und zu erhalten. Zielsetzungen dabei sind für Stewart einerseits das im Unternehmen vorhandene Wissen zu erfassen und entsprechend der Bedürfnisse zu verteilen[51] und andererseits eine Organisation zu schaffen, die die Fähigkeit besitzt, „Best Practices" aufzuspüren und von ihnen zu lernen[52]. Das Management des Strukturellen Kapitals ist somit eng mit dem gesamten Wissensmanagement verbunden, da alle weiter oben beschriebenen Bausteine im Bereich Wissensmanagement (Wissen identifizieren, Wissen erwerben, ...) auch zu einer Wertsteigerung des Strukturellen Kapitals führen.

3.2.2.3 Kundenkapital

Zur Beschreibung des Kundenkapitals beruft sich Stewart auf Saint-Onge, der darunter die Tiefe (Marktdurchdringung), die Weite (Deckung) und das Bindungspotential (Loyalität) eines Geschäftes versteht[53]. Diese Punkte werden von den Unternehmen seit geraumer Zeit als notwendig erachtet, so daß für das Kundenkapital bereits aussagefähige Indikatoren wie Marktanteil, Kundentreue oder Wert eines Markennamens entwickelt wurden.[54]

Indem nun jedoch die Beziehungen der Kunden zu dem Unternehmen zu einem Vermögenswert deklariert werden, den es bewußt zu managen gilt, wird die Kundenorientierung weiter verstärkt. Die Bedeutung des Wissens über den Kunden und die dadurch zu erzielende Bindung, die garantiert, daß der Kunde langfristig einem Unternehmen treu bleibt, führt zu einer Intensivierung der Anstrengungen, seine Kunden zu erforschen und über entsprechende Angebote oder Vertriebswege an sich zu binden. Ein wichtiger Punkt hierbei ist für Stewart, daß die Unternehmen vor allem denjenigen kennen müssen, der am Ende ihr Produkt kauft: „Obgleich Kundeninformationen immer als wertvoll erachtet werden, sind diese Informationen am wertvollsten für diejenigen, die entlang des Informationsflusses am weitesten vom Kunden entfernt sind, zum Beispiel die Hersteller."[55]

---

[50] Vgl. Stewart, Thomas A., a.a.O., S. 114.
[51] Vgl. Stewart, Thomas A., a.a.O., S. 116 ff.
[52] Vgl. Stewart, Thomas A., a.a.O., S. 123.
[53] Vgl. Stewart, Thomas A., a.a.O., S. 85.
[54] Vgl. Stewart, Thomas A., a.a.O., S. 144.
[55] Stewart, Thomas A., a.a.O., S. 152.

Um diese enge Bindung zwischen dem Kunden und dem Unternehmen – egal in welcher Stufe der Wertschöpfungskette es sich befindet – zu erreichen, werden im Zuge der Wissensgesellschaft neue Modelle der Zusammenarbeit zwischen Kunden und Unternehmen vorgeschlagen. War bisher der Verkaufsgedanke maßgeblich, der von dem Unternehmen entwickelte Produkte auf einem Markt anbot, so wird in zunehmendem Maß eine Zusammenarbeit zwischen Kunde und Unternehmen bereits bei der Entwicklung neuer Produkte erforderlich sein, damit die neuen Produkte auch auf die Wünsche der Kunden abgestimmt sind. Diese verschiedenen Modelle der Zusammenarbeit zwischen Kunde und Unternehmen werden von Amidon wie in Tabelle 9 dargestellt charakterisiert.

Mit zunehmender Fokussierung auf das Kundenkapital wird die Form der Zusammenarbeit im Hinblick auf die Erfüllung der Kundenwünsche enger, bis hin zu einer symbiotischen Beziehung, in der Kundenwissen und Unternehmenswissen gemeinsam dem Ziel dienen, den Erfolg des Kunden zu steigern.[56]

	Vertriebsorientiertes Modell	Beziehungsorientiertes Modell	Partnerschaftsorientiertes Modell
Vision	Zielvorgabe	Aufgabe bzw. Auftrag	Strategisches Konzept
Strategie	Anbieten des Produktes	Reaktion auf Marktgegebenheiten	Abgleich zwischen Produkt und Markt
Management	Datenbasiert	Informationsbasiert	Wissensbasiert
Kommunikation	Top-down	Up/Down	Vernetztes Lernen
Zusammenarbeit	Traditionell gering	Planmäßig und strukturiert	Symbiotisch
Wert	Produkt als Kapital	Finanzen als Kapital	Wissen als Kapital
Maßgröße	Kundenbindung	Kundenzufriedenheit	Kundenerfolg

Tabelle 9: Vergleich unterschiedlicher Modelle der Zusammenarbeit zwischen Kunde und Unternehmen.
Entworfen und gezeichnet: Verfasser, in Anlehnung an Amidon, Debra M.: Innovation Strategy for the Knowledge Economy – The Ken Awakening, Boston, Oxford, u.a. 1997, S. 123.

3.3 Die Bewertung von Wissen

3.3.1 Problematik der Wissensbewertung

Wird Wissen nun von einem Unternehmen als erfolgsrelevante Ressource betrachtet, die es zu managen gilt, so folgt daraus die Forderung nach Maßstäben, die das Wissen und dessen Beitrag zum Geschäftserfolg bewertbar machen. Die Problematik, neue Meßgrößen zu entwickeln, trat im Verlauf der Industrialisierung immer

---

[56] Vgl. Amidon, Debra M.: Innovation Strategy for the Knowledge Economy – The Ken Awakening, Boston, Oxford, u.a. 1997, S. 122 f.

dann auf, wenn sich eine Veränderung der dominanten Unternehmensorganisation ergab, wie es die folgende Tabelle verdeutlicht[57].

Art der Unternehmen	Problem	Lösung
Arbeitsintensives Unternehmen	Kampf gegen „Herumirren" der Arbeitskräfte	Messen der Arbeitsoperationen (Taylor)
Kapitalintensives Unternehmen	Kampf gegen „Herumirren" des Kapitals	Messen der Produktionsoperationen (Ford, Sloan)
Wissensintenives Untersnehmen	Kampf gegen „Herumirren" des Wissens	Messen des Beitrages an Wissen

Tabelle 10: Verlauf der Entwicklung vom arbeitsintensiven zum wissensintensiven Unternehmen anhand der relevanten Meßgrößen

Quelle: Pulic, Ante: Der Informationskoeffizient als Wertschöpfungsmaß wissensintensiver Unternehmungen in: Wissensmanagement, Hrsg.: Ursula Schneider, Frankfurt am Main 1996, S. 156.

Dabei stellt Wissen als nicht objektiv meßbare Größe das Management und das Controlling vor eine neue Problematik, die von Roehl und Romhardt folgendermaßen charakterisiert wurde: „Um den Erfolg des Wissensmanagements meßbar zu machen, ist das Unmögliche nötig: Die kontextgebundene Ressource Wissen muß objektivierbar gemessen werden. Wissenscontrolling ist ein bisher ungelöstes Problem des Wissensmanagements. Wissen kann nur über den Preis der Verdinglichung quantifizierbar werden, also der Entnahme aus zeitlichen, situativen und persönlichen Kontexten."[58]

Die vorhandenen Kontrollinstrumente des Managements beruhen jedoch vorwiegend auf quantitativen Größen und vernachlässigen qualitative Elemente. Im Zuge der Zunahme der Bedeutung des Wissens führt diese Haltung dazu, daß [59]

1. Wichtiges nicht gemessen wird: Immaterielles Vermögen (intangible assets) wird nicht bzw. ungenügend gemessen. Dadurch kennt ein Unternehmen sein wettbewerbskritisches Wissen nicht und kann es nicht beschreiben und bewerten.

2. Das Falsche gemessen wird: Durch die Konzentration auf aggregierte finanzielle Indikatoren werden Ursache-Wirkungs-Zusammenhänge nicht deutlich. Sofern Fähigkeiten und Fertigkeiten gemessen werden, handelt es sich um individuelles Können, das kollektive Beziehungswissen wird aber vernachlässigt. Im Rahmen des Wissenscontrollings werden häufig Inputs (wie z.B. Ausbildungsaufwand)

---

[57] Vgl. Pulic, Ante: Der Informationskoeffizient als Wertschöpfungsmaß wissensintensiver Unternehmungen in: Wissensmanagement, Hrsg.: Ursula Schneider, Frankfurt am Main 1996, S. 156.
[58] Roehl, H. und Romhardt, K., Wissen über die Ressource ‚Wissen‘, Gablers Magazin, 1997, 6-7, S. 44 f.
[59] Vgl. Probst, Gilbert, Raub, Steffen, Romhardt, Kai, a.a.O., S. 322 ff.

gemessen, jedoch keine Outputs, die Aussagen über den Erfolg der Maßnahmen geben könnten.

3. Mit dem falschen Maßstab gemessen wird: Immaterielles und materielles Vermögen wird unterschiedlich bewertet und qualitative Größen, wie beispielsweise Kundenzufriedenheit, werden zugunsten quantitativer Maßstäbe vernachlässigt. Als Maßstab dienen oft unternehmensinterne Vergleiche anstelle von Vergleichen gegenüber Mitbewerbern oder führenden Unternehmen.

4. Gemessen wird, ohne zu wissen wofür: Es wird das gemessen, was einfach zu messen ist, ohne zu hinterfragen, wofür diese Ergebnisse geeignet sind. Dabei werden dann Größen gemessen, die nicht interpretierbar sind. Oft erfolgt eine Messung automatisch und ohne Bezug zur aktuellen Strategie.

Aufgrund der dargestellten Problematik bei der Beurteilung von Wissen und der gleichzeitigen Notwendigkeit einer aussagekräftigen Messung, um Fehlallokationen zu vermeiden, wurden in der letzten Zeit einige Verfahren zur Messung und Bewertung entwickelt, von denen einige charakteristische kurz dargelegt werden sollen, wobei sich zwei Hauptrichtungen voneinander unterscheiden lassen:

1. Verfahren, die eine Bewertung des Gesamterfolges vornehmen und hauptsächlich auf externen Daten beruhen und daher auch von externen Interessenten durchgeführt werden können.

2. Verfahren, die zusätzlich feinere, interne Datenquellen nutzen und somit darauf abzielen, ein Management des Wissens in einem Unternehmen vorzunehmen.

3.3.2 Bewertung aus externer Sicht

Bezüglich der ersten Verfahren sind vor allem drei Varianten zu nennen:[60]

1. Differenz zwischen Markt- und Buchwert

2. Tobins q

3. Der Calculated Intangible Value (CIV)

Differenz zwischen Markt- und Buchwert:

Dies ist die einfachste Messung des eingesetzten Intellektuellen Kapitals, indem einfach vom Marktwert der Buchwert abgezogen wird. Dieser Ansatz ist allerdings nicht unproblematisch, denn er impliziert beispielsweise, daß der Wert des Intellek-

---

[60] Vgl. Stewart, Thomas A., a.a.O., S. 219 ff.

tuellen Kapitals abnähme, wenn der Börsenwert sänke. Dies kann jedoch auch aufgrund exogener, nicht vom Unternehmen zu beeinflussender Faktoren eintreten. Des weiteren würde damit unterstellt, daß ein Unternehmen, welches unter seinem Buchwert verkauft wird, über gar kein intellektuelles Kapital verfügen würde. Darüber hinaus werden sowohl der Buch- als auch der Marktwert häufig unterschätzt. Die Beschränkung auf diesen absoluten Wert erlaubt auch keine Vergleiche mit anderen Unternehmen, so daß die Aussagekraft gering ist. Eine bessere Lösung bietet daher der nächste Ansatz, bei dem die Werte in ein Verhältnis zueinander gesetzt werden.[61]

Tobins q:

Dieses Verfahren wurde von dem Wirtschaftswissenschaftler und Nobelpreisträger James Tobin entwickelt, um ein Werkzeug zu schaffen, welches es ermöglicht, Investitionsentscheidungen unabhängig von volkswirtschaftlichen Faktoren wie zum Beispiel der Zinsentwicklung zu treffen. Es läßt sich jedoch ebensogut zur Messung des Intellektuellen Kapitals verwenden. Tobins q setzt den Marktwert eines Vermögenswertes (in diesem speziellen Fall den eines gesamten Unternehmens) in Bezug zu den Wiederbeschaffungskosten des Anlagevermögens. Ist q nun hoch (beispielsweise 2), so bedeutet dies, daß der Wert des Unternehmens doppelt so hoch ist, wie der Wiederbeschaffungswert sämtlicher materieller Anlagen. Vergleicht man Unternehmen einer Branche mit ähnlicher Struktur, so schafft das Unternehmen mit dem höchsten Wert von q aus denselben Sachanlagen den höchsten Marktwert – der Unterschied kann also nur in dem eingesetzten Wissen liegen, welches damit höher zu bewerten ist.[62]

Der Calculated Intangible Value (CIV):

Aus der Ermittlung des Wertes von Marken für Produkte ging die letzte der Unternehmensbewertungen hervor. Hierbei soll der Wert eines immateriellen Gutes (in diesem speziellen Fall des unternehmenseigenen Wissens) monetarisiert werden. Diese Methode führt allerdings nur dann zu brauchbaren Ergebnissen, wenn die Gesamtkapitalrendite über der der Branche liegt. Daher ist eine Überprüfung dieses Punktes vor Beginn der Berechnung notwendig. Trifft diese Bedingung zu, so berechnet sich der CIV wie folgt:

---

[61] Vgl. Stewart, Thomas A., a.a.O., S. 219 f.
[62] Vgl. Stewart, Thomas A., a.a.O., S. 220 f.

1. Ermittlung des durchschnittlichen Einkommens vor Steuern der letzten drei Jahre.

2. Ermittlung des durchschnittlichen Anlagevermögens der letzten drei Jahre.

3. Durch Multiplikation des durchschnittlichen Anlagevermögens mit der Kapitalrendite der Branche erhält man den Ergebnisbeitrag der Sachanlagen.

4. Die Differenz zwischen dem tatsächlichen Ergebnis vor Steuern und dem Ergebnis aus Sachanlagen beschreibt das Ergebnis aus dem Intellektuellen Kapital.

5. Das Versteuern des Ergebnisses aus dem Intellektuellen Kapital ergibt den Aufpreis für die immateriellen Aktiva.

6. Indem man den Aufpreis für die immateriellen Aktiva durch einen angemessenen Prozentsatz (wie z.B. die Kapitalkosten) dividiert, erhält man den CIV, d.h. den gegenwärtigen Nettowert der eingesetzten immateriellen Aktiva.[63]

3.3.3 Bewertung aus interner Sicht

Die Bandbreite der verfügbaren Verfahren der zweiten Kategorie ist groß, da die einzelnen Verfahren jeweils sehr speziell auf die Unternehmen abgestimmt sein müssen. Zur Verdeutlichung der möglichen Ansätze werden beispielhaft drei Verfahren vorgestellt:

1. Navigator des Intellektuellen Kapitals
2. Balanced Scorecard
3. Mehrstufiges Indikatorensystem

<u>Navigator des Intellektuellen Kapitals:</u>
Mit den soeben vorgestellten Methoden lassen sich zwar aus der Sicht von Außenstehenden der Einsatz von Wissen in einem Unternehmen beurteilen, sie stellen jedoch für den Manager innerhalb eines Unternehmens nur eine unzureichende Möglichkeit dar, das Wissensmanagement zu kontrollieren und zu lenken. Bei dieser Aufgabenstellung genügt die Reduktion auf eine monetäre Kennzahl auch nicht, da hierdurch relevante Informationen nicht mehr dargestellt werden können. Um nicht auf eine eizelne Meßgröße bezüglich des Intellektuellen Kapitals angewiesen zu sein, empfiehlt es sich daher, mehrere Indikatoren für die unterschiedlichen Ausprägungen zu bestimmen und in einem Soll-Ist-Vergleich gegenüberzustellen.

[63] Vgl. Stewart, Thomas A., a.a.O., S. 222 ff.

Eine Möglichkeit hierzu ist der Navigator des Intellektuellen Kapitals, wie er von Stewart vorgeschlagen wird[64]. Hierbei werden jeweils drei Maßstäbe für das Humankapital, das Strukturelle Kapital und das Kundenkapital ausgewählt und in einem Radar-Chart dargestellt. Die einzelnen Indikatoren werden sich je nach Branche und Unternehmen unterscheiden und müssen sorgfältig ausgewählt werden, um ein aussagefähiges Gesamtbild zu ergeben. Ein beispielhaftes Chart des Navigators ist in der untenstehenden Grafik abgebildet.

Dabei wird für jeden Indikator eine Skala entwickelt, deren Soll-Wert auf dem Kreis zu liegen kommt. Der ermittelte Ist-Wert wird innerhalb des Kreises abgetragen. Die Verbindungslinie der Ist-Werte bildet dann ein Polygon dessen Fläche im Verhältnis zur Gesamtfläche den Zielerreichungsgrad wiedergibt.

Mit Hilfe dieses Navigators lassen sich notwendige Maßnahmen ermitteln, sowie Vergleiche mit anderen Unternehmen der Branche durchführen, sofern die dazu notwendigen Daten vorliegen. Im Zeitverlauf betrachtet geben die Charts Hinweise auf die Entwicklung einzelner Indikatoren und somit auch einen Überblick über die Ergebnisse eingeleiteter Maßnahmen.

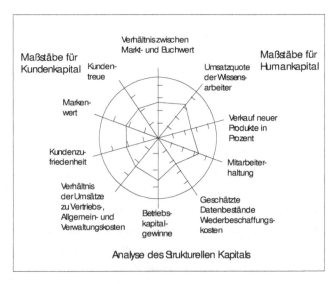

Abbildung 6: Der Navigator des Intellektuellen Kapitals
Quelle: Stewart, Thomas A., a.a.O., S. 238.

---

[64] Vgl. Stewart, Thomas. A., a.a.O., S. 236 ff.

Die Balanced Scorecard:

Noch stärker auf den internen Lenkungs- und Kontrollprozeß ausgerichtet als der Navigator des Intellektuellen Kapitals ist die von Kaplan und Norton entwickelte Balanced Scorecard. Die Grundidee dahinter ist, daß die Leistung eines Unternehmens darin besteht, ein Gleichgewicht zwischen den verschiedenen Perspektiven eines Unternehmens zu schaffen. Um dies zu erreichen, wurde mit der Balanced Scorecard ein Managementsystem geschaffen, welches die Perspektiven Finanzwirtschaft, Kunden, interne Prozesse sowie Lernen und Wachstum in einen Zusammenhang bringt und eine Übersetzung von Vision und Strategie in diese Perspektiven strategisch begleitet.[65]

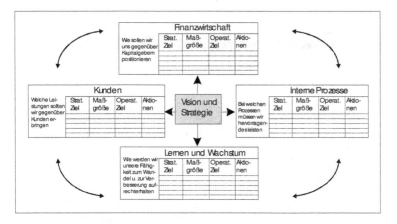

Abbildung 7: Balanced Scorecard
Quelle: Horváth, Peter, a.a.O., S. 157.

Dabei wird anhand der Balanced Scorecard der Rahmen für einen Manangement-prozeß geschaffen, der sich wie folgt beschreiben läßt:

-    Klärung und Übersetzung von Vision und Strategie in konkrete Aktionen,

-    Kommunizieren und Verbinden strategischer Ziele mit Maßnahmen,

-    Pläne aufstellen, Vorgaben formulieren und Initiativen abstimmen,

-    Verbessern des Feedbacks und Lernens.

---

[65] Vgl. Horváth, Peter: Wissensmanagement mit Balanced Scorecard in: Wissensmanagement: Schritte zum intelligenten Unternehmen, Hrsg.: Hans Dietmar Bürgel, Berlin, Heidelberg, u.a. 1998, S. 153 ff.

Wie auch der Navigator des Intellektuellen Kapitals wird die Balanced Scorecard für jedes Unternehmen individuell entwickelt, um die unternehmensspezifischen Bedürfnisse und Fähigkeiten erfassen und bewerten zu können.

Mehrstufiges Indikatorensystem:

Bei den zuletzt vorgestellten Verfahren werden verschiedenartige Indikatoren ohne eindeutige Klassifizierung miteinander vermischt, so daß eine klare Beschreibung und Messung von Veränderungen der Wissensbasis eines Unternehmens nicht möglich ist. Um dieses Defizit zu beheben, wurde von North, Probst und Romhardt eine mehrdimensionale Wissensmessung entwickelt, die Indikatorenklassen bildet und somit auch Ursache-Wirkungs-Zusammenhänge erklären soll. Im einzelnen gestalten sich die Klassen wie in der folgenden Tabelle dargestellt.

Indikatorenklasse	Begriffsbestimmung	Beipiele
Organisatorische Wissensbasis (I)	Beschreibt den Bestand der organisatorischen Wissensbasis zum Zeitpunkt t_x qualitativ und quantitativ	Fähigkeitenportfolio der Mitarbeiter nach Kernfähigkeiten, Anzahl und Qualität der externen knowledge links, Qualität und Anzahl interner Kompetenzzentren, Patente
Interventionen (II)	Beschreibt Prozesse und Inputs (Aufwand) der Veränderung der organisationalen Wissensbasis	Anzahl lessons learned workshops, Erstellung von Expertenprofilen, Durchführung von action training (action training/Gesamttraining (%))
Zwischenerfolge und Übertragungs- effekte (III)	Mißt die direkten Ergebnisse der Interventionen (Outputs)	Publikationen von Mitarbeitern, Verbesserungsvorschläge, Antwortzeiten auf Kundenanfragen, Nutzungsindex Intranet, Transparenzindex
Ergebnisse der Ge- schäftsfähigkeit (IV)	Mißt Geschäftsergebnisse am Ende der Betrachtungsperiode (z.B. Quartal, Geschäftsjahr)	Cashflow, Deckungsbeiträge, Marktanteil, Image, Return on Investment.

Tabelle 11: Indikatorenklassen
Entworfen und gezeichnet: Verfasser, in Anlehnung an Probst, Gilbert, Raub, Steffen, Romhardt, Kai, a.a.O., S. 331.

Um mit diesem Hilfsmittel Ursache-Wirkungs-Zusammenhänge des Wissensmanagements zu erklären, werden zu Beginn und Ende einer Betrachtungsperiode jeweils eine Wissensbilanz (Indikatorenklasse I) sowie eine Finanzbilanz (Indikatorenklasse IV) erstellt. Basierend auf diesen Eröffnungsbilanzen und den Unternehmenszielen werden Wissensziele als Indikatorenklasse II definiert und entsprechende Maßnahmen durchgeführt. Mit Hilfe der Indikatorenklasse III werden zu den Wissenszielen gehörige Zwischenergebnisse ermittelt. Die Zusammenführung auf die Schlußbilanzen ergibt dann wieder ein Gesamtbild, in dem aufgrund der

Zwischenergebnisse jedoch klare Zusammenhänge zwischen eingeleiteten Maßnahmen und daraus resultierenden Veränderungen bekannt sind. Somit kann aufgrund dieser Messungen eine Steuerung des weiteren Vorgehens stattfinden.[66]

3.3.4 Zusammenfassung

Bei der Beschreibung der Verfahren wird deutlich, daß die Problematik der Wissensbewertung zweischichtiger Natur ist. Zum einen benötigt man sehr gute Informationen über das Unternehmen, welchen Externen selten zur Verfügung stehen. Dies
führt dazu, daß der immaterielle Vermögenswert oft nur unzureichend unter
Verwendung objektiver Kriterien bewertet werden kann, wodurch dieser an Bedeutung verliert. Zum anderen ist Wissen an sich ein abstrakter Begriff, welcher sich
daher nicht in die für eine Messung oder gar Bewertung notwendigen Skalen einord-
nen läßt. Die oben beschriebene Lösung, Wissen über Indikatoren wie z.B. die
Anzahl der durchgeführten Fortbildungsmaßnahmen zu messen und zu bewerten, ist
daher immer nur so aussagekräftig, wie es die gewählten Indikatoren zulassen. Ziel
der Wissensbewertung muß es also sein, möglichst aussagekräftige Anhaltspunkte zu
finden, mit denen sich das Wissen dann indirekt messen läßt.

3.4 Das wissensorientierte Unternehmen

Unternehmen, die ein ganzheitliches Wissensmanagement implementieren, werden
sich von anderen absetzen und durch besondere Eigenschaften hervorheben. Sie sind
für die Bedeutung der Ressource Wissen als Garant ihres Erfolgs sensibilisiert,
fassen Wissen als einen Prozeß auf und sind in der Lage, schnell von anderen Unternehmen zu lernen, um externes Wissen effektiv in ihre Organisation zu transferieren.
Sie schaffen Rahmenbedingungen, die einen internen Wissensaustausch nach den
Grundsätzen des Marktes zulassen. Führungsgrundsätze und Anreizsysteme, bei
denen Werte wie Vertrauen, Innovationsfreude und Authentizität im Vordergrund
stehen, verbinden Einzelleistungen mit dem Gesamterfolg des Unternehmens. Es
wird eine Transparenz bezüglich des internen und externen Wissens geschaffen,
wobei sich Wissenstransfer mit gegenseitigen Erfolgssteigerungen auszeichnet. Ein
solcher Austauschprozeß wird mit Hilfe von Indikatoren im Hinblick auf die
Einhaltung übergeordneter Unternehmensziele überwacht und in einem Berichts-
wesen dokumentiert, das auch nicht monetär meßbare Indikatoren berücksichtigt. Sie
verstehen es, sowohl Informations-, als auch Organisations- und Personal-

---

[66] Vgl. Probst, Gilbert, Raub, Steffen, Romhardt, Kai, a.a.O., S. 330 ff.

management an einem Ziel auszurichten. Das Umfeld der Informations- und Kommunikationstechnologie schafft die erforderlichen Voraussetzungen, um sowohl das Unternehmen mit seinen Stakeholdern, als auch die Unternehmensmitglieder untereinander derart zu verbinden, daß intensiv diskutiert und Wissen transferiert werden kann. Nutzerfreundliche Systeme geben jedem von beliebigen Orten aus die Möglichkeit, einen aktualisierten, vollständigen und integrativen Zugriff auf alle relevanten Informationen zu erhalten. So wird der Wissenstranfer-Prozeß als Best-Pratice-Prozeß ausgelegt und auch die Generierung neuer Geschäftsfelder unterliegt nicht dem Zufall, sondern wird mit Struktur und Konzept angegangen. Wissens-orientierte Unternehmen generieren neue Produkte und Geschäftsfelder effektiver als solche der klassischen Prägung. Die Erzeugnisse zeichnen sich gegenüber Standard-produkten durch ihre Komplexität aus und basieren weniger auf Arbeits- und Kapi-taleinsatz denn auf Wissenseinsatz. Die Nachfrager auf ihren Märkten fordern maßgeschneiderte Produkte, die einer hohen Innovationsgeschwindigkeit unterliegen und kurze Produktlebenszyklen haben. Somit sind auch die klassischen Marktein-trittsbarrien nicht in den Bereichen Arbeit und Kapital zu suchen. Langfristige Wett-bewerbssicherung muß demnach über den Grad der Imitierbarkeit und der Substi-tuierbarkeit der Produkte sichergestellt werden. Ihre Kapitalgeber sind an nachhal-tiger Steigerung des Unternehmenswertes interessiert.

Ist die Orientierung auf die Ressource Wissen in einem Unternehmen erst einmal vollzogen, wird es zu einer Veränderung der Ausrichtung der Unternehmen kommen. Unternehmensanalysen auf Basis des Kernkompetenzansatzes[67] werden zu den Ergebnissen kommen, daß die Kernkompetenzen und damit die Geschäftsbereiche mit den besten Kapitalrenditen die neu entstandenen Bereiche sind. Die Gründe hier-für liegen zum einem in den höheren Margen, die aufgrund der besseren Wett-bewerbsposition erzielt werden können und zum anderen in den Skalenvorteilen, die der Einsatz von Wissen erbringt. Diese Situation kann im Extremfall dazu führen, daß es vorteilhafter ist, die meist traditionellen Tätigkeitsfelder im Bereich der physischen Leistungserstellung insbesondere unter Ausnutzung der Skalenerträge spezialisierter Anbieter auszulagern. Dies beschreibt die Entwicklung eines neuen Wirtschaftszweiges der Wissensökonomie bzw. der Knowledge based economy.

---

[67] Vgl. Prahalad, C.K., Hamel, Gary: Nur Kernkompetenzen sichern das Überleben, in: HARVARDmanager, 1991, Nr. 2, S. 66 ff.

4 Kommerzialisierung von Wissen

4.1 Bedeutung des Wissens für die Wertschöpfungskette

Rehhäuser und Krcmar entwickeln in Anlehnung an das Informationsintenstitäts-Portfolio von Porter und Millar aus dem Jahr 1985 ein Wissensintensitäts-Portfolio, welches die zunehmende Bedeutung der Ressource Wissen anschaulich verdeutlicht.

Sie differenzieren dabei die Wissensintensität im gesamten Unternehmen in zwei Dimensionen, die ‚Wissensintensität in der Wertschöpfungskette' und die ‚Wissensintensität in der Leistung'.[68] Dies impliziert zum einen die Relevanz von Wissen als Input (d.h. alle Produkte und Leistungen, die im Rahmen der Wertschöpfung einzubringen sind) und zum anderen die Bedeutung von Wissen als zu erbringender Output.

Je komplexer sich also die Leistungserstellung gestaltet, desto höher die benötigte Wissensintensität in der Wertschöpfungskette. Die Wissensintensität in der Leistung steigt mit dem Anteil an Wissen in den vermarkteten Produkten und Dienstleistungen.[69] Ein zwingender Zusammenhang zwischen den beiden Dimensionen besteht jedoch nicht, d.h. es ist möglich, daß Produkte mit geringem Wissensanteil dennoch einen hohen Komplexitätsgrad in der Fertigung erfordern. Die aktuelle Entwicklung vor dem Hintergrund eines zunehmenden globalen Wettbewerbsdruckes führt allerdings zu einer Steigerung der Wissensintensität in beiden Dimensionen, so daß der wachsende Einfluß von Wissen entlang der gesamten Wertschöpfungskette eine der Bedeutung entsprechende Vergütung des bislang meist unbewerteten immateriellen Vermögens geradezu erzwingt: Wissen wird kommerzialisiert. Wissen erhält somit eine Bedeutung sowohl auf den Beschaffungs- als auch auf den Absatzmärkten eines jeden Unternehmens.

4.2 Formen der Kommerzialisierung von Wissen

Die hohe und vor allem stark zunehmende Zahl[70] von Veröffentlichungen, die Wissen als Produktionsfaktor bzw. Ressource thematisieren, offenbart eindringlich, welche Bedeutung dem Faktor „Wissen" in der heutigen Zeit zugemessen wird. Dieser Eindruck verstärkt sich bei der Betrachtung der staatlichen Förderungs-

---

[68] Vgl. Rehhäuser, Jakob, Krcmar, Helmut, a.a.O. S. 32.
[69] Vgl. Rehhäuser, Jakob, Krcmar, Helmut, a.a.O. S. 32 f.
[70] Vgl. Ruggles, Rudy, Why Knowledge? Why Now?,
www.businessinnovation.ey.com/journal/issue1/features/whykno/loader.html, 26.09.98, S. 2.

maßnahmen, die zum einen unter dem Titel „Innovationen für die Wissens-gesellschaft" zum anderen unter der Initiative "Dienstleistung 2000plus" zusammen-gefaßt sind[71/72]. Das Bundesministerium für Bildung, Wissenschaft, Forschung und Technologie differenziert seine Aktivitäten in einen eher technischen Bereich, in dem der Begriff „Wissen" allerdings meist im Sinne von Informationen gemäß obiger Definition gebraucht wird und einen ökonomischen Bereich, in dem „Wissen" als Wirtschaftsgut verstanden wird.

Eine entsprechende Unterteilung vollzieht sich auch im allgemeinen Literaturangebot zu diesem Thema. So beschreibt Kuhlen in seinem Buch vor allem die neuen tech-nischen Möglichkeiten des Informationsaustausches, der ökonomischen Bedeutung von Mehrwertdiensten und die Entstehung Elektronischer Märkte. Somit beschreibt er die Kommerzialisierung des Informationsaustausches als Basis einer möglichen Wissensbildung.[73] Daneben gibt es eine Reihe von Veröffentlichungen aus dem Bereich der Informatik und der Datenverarbeitungs-Branche, die den Vertrieb ihrer Produkte als Kommerzialisierung von Wissen verstehen, obwohl sie eher Werkzeuge im Rahmen der operativen Instrumente des Wissensmanagements und weniger Wissen im allgemeinen als Know-How über Wissensmanagement offerieren.

Als Kommerzialisierung von Wissen im Sinne obiger Definition von Wissen lassen sich lediglich zwei Formen unterscheiden:

1. Wissen als Produkt sowie

2. Wissensgestützte Produkte und Dienstleistungen.

In den meisten Veröffentlichungen hierzu wird Wissen nur als Input in den Produk-tionsprozeß betrachtet, welcher beispielsweise dazu dient, die Qualität des End-produktes zu steigern oder die Effizienz in der Produktion zu erhöhen. Das Wissen, welches einem Unternehmen innewohnt, wird jedoch nur zum Teil von ihm selbst geschaffen (z.B. durch Forschung und Entwicklung oder Marktstudien) oder im Rahmen der Personalbeschaffung und –entwicklung eingekauft. Ein weiterer Teil des in die Wertschöpfungskette einfließenden Wissens wird extern erzeugt und muß daher auf einem entsprechenden Markt eingekauft werden: Wissen wird als eigen-

---

[71] Vgl. Bundesministerium für Bildung, Wissenschaft, Forschung und Technologie: Innovationen für die Wissensgesellschaft: Förderprogramm Informationstechnik, Bonn 1998.
[72] Vgl. Bullinger, Hans-Jörg (Hrsg.): Dienstleistunen für das 21.Jahrhundert: Gestaltung des Wandels und Aufbruch in die Zukunft, Stuttgart 1997.
[73] Vgl. Kuhlen, Rainer: Informationsmarkt: Chancen und Risiken der Kommerzialisierung von Wissen, Konstanz 1995, S. XXVII.

ständiges Gut gehandelt. Dieser Vorgang findet seine Entsprechung in den Instrumenten des Knowledge-Managements, die dem Baustein des Wissenserwerbs zuzuordnen sind.

Auf der anderen Seite steht Wissen als ein wesentlicher Bestandteil von Dienstleistungen und Produkten. In der heutigen Zeit, in der jedes Produkt fast überall auf der Welt in einer vergleichbaren Qualität hergestellt werden kann, müssen erfolgreiche Unternehmen darauf achten, daß sich ihre Produkte von den Produkten ihrer Konkurrenten unterscheiden. Unternehmen, die ein erfolgreiches Wissensmanagement betreiben, verfügen über eine aussage- und schlagkräftige Wissensbasis, die es ihnen ermöglicht, ihre Produkte mit wissensbasiertem Zusatznutzen auszustatten: Wissensgestützte Produkte und Dienstleistungen entstehen in zunehmendem Maße.

4.3 Wissen als Produkt

Wissen als Produkt betrifft sowohl den Beschaffungsmarkt im Sinne von Unternehmen, die externes Wissen erwerben wollen, als auch den Absatzmarkt im Sinne von Unternehmen, die Wissen anbieten. In der vorliegenden Literatur wird Wissen als Produkt hauptsächlich aus der Sicht des erwerbenden Unternehmens betrachtet, die Eigenschaften des Produktes Wissen lassen sich aber auf Anbieter von Wissen gleichermaßen übertragen. Die Eigenschaften von Wissen als Produkt unterscheiden sich wesentlich von denen materieller Produkte und sind in der folgenden Tabelle kurz dargestellt.

Charakteristik	Materielles Produkt	Wissen
Eigentumsrecht	Eindeutig	Eingeschränkt über Lizenzen, Patente, etc. oder unklar
Besitz	Individueller Besitz	Vielfacher Besitz möglich
Schutzmöglichkeit	Vorhanden	Nur über Datenschutz und Datensicherheit
Gebrauchsmöglichkeit	Wertverlust durch Gebrauch	Kein Wertverlust durch Gebrauch, evtl. Wertgewinn
Auffinden von Märkten	Häufig vorhanden	schwierig
Eigenschaften des Produktes	Relativ einfach zu bestimmen	Relativ schwierig zu bestimmen
Preisbildungsmechanismen	Bekannt: Preis/Wert objektiv ermittelbar	Teilweise bekannt: Preis-/Wertbestimmung problematisch
Verkaufseinheit	Meßbare Einheiten (Stück, Kg)	Schwierig, z.B. Lizenzen

Tabelle 12: Eigenschaften von Wissen als Produkt
Entworfen und gezeichnet: Verfasser, in Anlehnung an Martiny, L./Klotz, M. Strategisches Informationsmanagement – Bedeutung und organisatorische Umsetzung, München, Wien 1989, S. 14, zitiert bei: Rehhäuser, Jakob, Krcmar, Helmut, a.a.O., Berlin 1996, S. 11 und

Teece, David J.; Capturing Value from Knowledge Assets: The New Economy, Markets for Know-how, and Intangible Assets in: California Management Review, Vol.40 (1998), No. 3, S. 68.

Wissen wird zur Zeit vor allem in fünf Produktformen vertrieben, die mit den oben genannten Eigenschaften vereinbar sind:

- Beratungsleistungen,

- Schulungen,

- Franchising,

- Software,

- Lizenzen und Patente.

Beratungsleistungen:

Hierunter fallen sämtliche Angebote, die das Wissen der Anbieter einem oder mehreren Kunden zur Verfügung stellen, wie z.b. Makler- oder Anwaltsdienste oder die Dienste von Unternehmensberatungen. Je nach Vertragsart wird die Verkaufseinheit zeitlich (Dienstvertrag) oder über die Erreichung eines vorher abzusteckenden Zieles (Werkvertrag) bestimmt. Im Vordergrund steht hierbei nicht die Wissensvermittlung, sondern die Anwendung von Wissen auf ein explizit vorgegebenes Umfeld.

Schulungen:

Dieses Angebot zielt auf die Verbreitung von Wissen, wobei noch unterschieden werden kann zwischen allgemein zugänglichem Wissen wie z.B. frei zugänglichen Kursen herstellerunabhängiger Anbieter und herstellergebundenen Angeboten, die auf bestimmte Zielgruppen zugeschnitten sind. Dabei spielt vor allem für die letztgenannten eine große Rolle, die Qualität des vermittelten Wissens auf einem hohen, für Abnehmer einschätzbaren Niveau zu halten. Dies soll beispielsweise durch die Einführung bestimmter Zertifizierungen erreicht werden (z.B. MCSE).

Franchising:

Eine weitere Möglichkeit, vorhandenes Wissen als Gut anzubieten, besteht darin, daß ein Franchise-Geber ein entwickeltes Konzept (z.B. eine Rezeptur oder einen mit dem Konzept verbundenen Firmennamen), also das Wissen wie geschäftlicher Erfolg realisiert werden kann, einem Franchise-Nehmer gegen eine Franchise-Gebühr zur Verfügung stellt. Um eine unerwünschte Verbreitung des Konzeptes zu verhindern, werden umfangreiche Verträge geschlossen, die den Franchise-Nehmer weitest-gehend der Weisung und Kontrolle des Franchise-Gebers unterwerfen.[74]

<u>Software:</u>

Mit jeder Software wird heutzutage auch umfangreiches Wissen verkauft, welches implizit in den Programmen enthalten ist. Dies beginnt im einfachsten Fall mit den in den gängigen Textverarbeitungsprogrammen enthaltenen Rechtschreibregelungen und führt hin bis zu Expertenwissen, wie es in wissensbasierten Systemen enthalten ist. Dabei steigert zunehmende Komplexität und Seltenheit des enthaltenen Wissens sowie wachsende Anpassungsfähigkeit an spezielle Probleme des Käufers den Wert des angebotenen Programmes.

<u>Lizenzen und Patente:</u>

Lizenzen und Patente sind die klassische Form, Wissen in expliziter Form zu spei-chern. Ursprünglich zum Schutz erworbenen Wissens gedacht, zählen diese zu den ältesten Methoden, Wissen zu vermarkten. Die Herstellung von Produkten in Lizenz ist für ein neues Unternehmen eine Möglichkeit, ohne Kosten für aufwendige Produktentwicklungen eine Produktgattung und deren Markt kennenzulernen.

4.4 Wissensbasierte Produkte und Dienstleistungen

4.4.1 Kennzeichen wissensbasierter Produkte und Dienstleistungen

Begünstigt durch neue Technologien und die Globalisierung zeichnet sich auf den Märkten ein grundlegender Wandel ab, der von Bullinger wie folgt beschrieben wird: „In wesentlichen Segmenten wandelt sich der Markt für Produkte und Dienst-leistungen von einem Anbieter- zu einem Käufermarkt, d.h. die Unternehmen müssen vermehrt versuchen, auf die immer differenzierteren Kundenanforderungen mit maßgeschneiderten und originelleren Service-Angeboten einzugehen. Ein intelli-gentes Produkt oder intelligenter Service zeichnet sich durch eine hohe Anpassungs-fähigkeit gegenüber den Kundenwünschen aus und ist in der Lage, dem Kunden einen neuen, zusätzlichen Nutzen zu verschaffen."[75] Gefördert wurde die Entwick-lung dieser Produkte und Dienstleistungen durch die rasante Entwicklung der Tech-

---

[74] Vgl. Wöhe, Günter: Einführung in die Allgemeine Betriebswirtschaftslehre, 18. Aufl., München 1993, S. 764.
[75] Bullinger, Hans-Jörg: Dienstleistungen für das 21. Jahrhundert – Trends, Visionen und Perspektiven, in: Dienstleistungen für das 21. Jahrhundert: Gestaltung des Wandels und Aufbruch in die Zukunft, Hrsg.: Hans-Jörg Bullinger, Stuttgart 1997, S. 34 f.

nik, so daß die ersten Vertreter auch noch stark durch die Technik dominiert sind. Ein wesentliches Element bei der Entwicklung zum „intelligenten Service" ist dabei das Knowledge-Management. Es ist erforderlich, um durch kreative Verbindungen von physischen Produkten und Dienstleistungen den Mehrwert eines Services durch „Intelligenz" zu steigern und so den Dienstleistungsprodukt-Mix der Zukunft zu definieren. Der Wert solcher Leistungen läßt sich dann immer weniger anhand seines materiellen Wertes oder dem für die Produktion benötigten Aufwand bestimmen, sondern er ergibt sich aus dem kundenindividuellen Nutzwert. Die Autoren Bullinger, Wiedmann und Brettreich-Teichmann bezeichnen diese Erzeugnisse als „Smart Services" und kennzeichnen sie anhand der nachstehenden drei Kerneigenschaften.[76]

1. Lernende Produkte und Services:

   Sie sind in der Lage, Kundeninformationen in Wissen umzusetzen.

2. Wissensspeichernde Produkte und Services:

   Sie sind in der Lage, erworbenes Wissen zu speichern und in aggregierter Form wieder zu verteilen.

3. Proaktive Produkte und Services:

   Sie zeichnen sich dadurch aus, daß sie aus Wissen neue Services generieren.

Es bestehen jedoch auch weiterführende Ansätze, die besagen, daß jedes Produkt und jeder Service dafür geeignet ist, wissensgestützt gestaltet zu werden Grundlage hierfür bilden meist digitale Informationen oder bestimmte Werkstoffeigenschaften. (Beispiele hierfür sind unter anderem Reifen, welche die Fahrer von Automobilen über den Reifendruck unterrichten oder Windeln, die entsprechend ihres Feuchtigkeitsgehaltes ihre Farbe wechseln)[77].

Davis und Botkin führen sechs Merkmale an, die ein wissensgestütztes Unternehmen und wissensgestützte Produkte auszeichnen.

1. Je häufiger wissensgestützte Angebote genutzt werden, desto intelligenter werden diese.

2. Je häufiger wissensgestützte Angebote genutzt werden, desto intelligenter werden seine Nutzer.

---

[76] Vgl .Bullinger, Hans-Jörg, Wiedmann, Gudrun, Brettreich-Teichmann: Global Networking – Managemant vernetzter Dienstleistungen, www.dl2000.de/cgi-bin/showfiles.cgi?file=Wiedmann_1.rtf&user=Wiedmann, 26.09.98, S. 10

[77] Vgl. Davis, Stan, Botkin, Jim, a.a.O., S. 25.

3. Wissensgestützte Produkte und Dienstleistungen passen sich veränderten Umständen an.

4. Wissensgestützte Unternehmen können ihre Angebote kundengerecht zuschneiden.

5. Wissensgestützte Produkte und Dienstleistungen haben relativ kurze Lebensspannen.

6. Wissensgestützte Unternehmen ermöglichen es ihren Kunden, in Echtzeit zu agieren.[78]

Dabei müssen nicht alle Punkte erfüllt sein, um ein intelligentes Produkt zu beschreiben. Kehrt man zu dem oben angeführten Beispiel des Reifens zurück, der den Druck und bei zu niedrigen Werten eine Warnung an den Fahrer übermittelt, so läßt sich sagen, daß mit zunehmender Verbreitung dieser Technik eine immer größere Informationsbasis zur Verfügung steht und die Aussagefähigkeit der Warnung daher zunimmt. Mit steigender Häufigkeit der Nutzung wird das Produkt also intelligenter. Bei zu niedrigem Reifendruck liegt dem Autofahrer die Information schnellstmöglich vor, so daß er die entsprechenden Maßnahmen sofort nach Eintritt des Ereignisses einleiten kann, womit der 6. Punkt erfüllt ist.

In einem Interview gibt Davis sechs andere Eigenschaften für intelligente Produkte an, die jedoch zu großen Teilen mit den bisher genannten korrespondieren. Demnach sind intelligente Produkte

1. vernetzt (Informationen und Wissen werden elektronisch zusammengeführt und verarbeitet),

2. an den Kunden angepaßt,

3. die Möglichkeit der Aufrüstung besteht,

4. interaktiv,

5. lernend,

6. vorausschauend im Sinne von Vorausahnung von Kundenwünschen.[79]

Aus der zunehmenden Bedeutung von Wissen werden in der Zukunft, wie es sich an einigen im folgenden darzustellenden Geschäftstätigkeiten bereits ablesen läßt, wissensgestützte Produkte und Dienstleistungen gewinnbringender für Unternehmen

---

[78] Vgl. Davis, Stan, Botkin, Jim, a.a.O., S. 27 ff.
[79] Vgl. Davis, Stan: Becoming a Knowledge Based Business – A Conversation with Stan Davis, www.businessinnovation.ey.com/journal/issue1/features/becomi/body.html, 29.09.98, S. 2.

sein als das eigentliche Kerngeschäft – eine Entwicklung, die dazu führt, daß für diese Geschäftstätigkeiten sogar eigenständige Gesellschaften gegründet werden. Vorreiter hierfür sind die elektronischen Märkte, bei denen ausgehend von Zusatzangeboten des eigentlichen Geschäftes ein eigenständiger Markt mit anderen Schwerpunkten entstand, sowie das Online-Banking, bei dem inzwischen durch die sogenannten Direktbanken bereits rechtlich selbständige Unternehmen als Tochterunternehmen traditioneller Banken gegründet wurden.

4.4.2 Entwicklung ausgewählter Dienstleistungen

4.4.2.1 Elektronische Märkte

Elektronische Märkte befassen sich vorwiegend noch nicht mit der Nutzung und dem Angebot von Wissen, sondern beruhen auf Informationen. Da es sich jedoch um relativ junge Märkte handelt, die per se bereits über die notwendigen technischen Voraussetzungen verfügen, um wissensbasiert arbeiten zu können, ist eine Weiterentwicklung hin zu wissensgestützten Produkten und Dienstleistungen in diesem Sektor gegenüber anderen begünstigt.

Unternehmen, die bereits erkannt haben, daß Wissen und Informationen in ihrer Wertschöpfungskette eine entscheidende Rolle spielen, werden versuchen, aus diesem Wissen heraus neue Kundenbeziehungen zu entwickeln. Hierzu nutzen sie unter anderem das World Wide Web, um Informationen, die im Unternehmen vorhanden sind, zur Verfügung zu stellen, aber auch, um weitere Informationen über ihre Kunden zu erlangen. Im nächsten Schritt haben einige bereits die Schnittstelle zum Kunden automatisiert und können nun gemäß der im Abschnitt über das Kundenkapital dargestellten Möglichkeiten Kundenwünsche feststellen und befriedigen.[80]

Diesbezüglich stellen Unternehmen bislang interne Informationssysteme an einer elektronischen Schnittstelle ihren Kunden zur Verfügung, wie es zum Beispiel geschieht, wenn Datenbanken zur Produktauswahl im Internet angeboten werden. Bisher nur intern oder zwischen Kooperationspartnern genutzte Informationssysteme werden im Rahmen elektronischer Märkte einer Vielzahl von Anbietern und Nach-

---

[80] Vgl. Rayport, Jeffrey F., Sviokla, John J.: Die virtuelle Wertschöpfungskette – kein fauler Zauber, in: Harvard Business Manager, 1996, Nr. 2, S. 109.

fragern geöffnet[81]. Dem Kunden wird hiermit z.b. die Möglichkeit geboten, auf die produktspezifische Wissensbasis des Unternehmens zuzugreifen. In einem weiteren Schritt ist über ein Kundenprofil die Möglichkeit gegeben, auf den Kunden zugeschnittene Angebote zu unterbreiten, die oft über das Kerngeschäft des Unternehmens hinausgehen und dem Kunden einen Zusatznutzen bieten. Hierunter fallen z.b. die werblichen Zusatzmaßnahmen der Versandhäuser, auf ihren Internet-Seiten Finanzierungsangebote oder Modeberatungen zu unterbreiten.[82]

Waren die bisherigen Beispiele eher auf den Privatkunden zugeschnitten, so existieren Elektronische Märkte in der Zusammenarbeit zwischen Firmen bereits länger. Besonders bei Produktionsprozessen, die einen hohen Koordinationsaufwand erfordern wie beispielsweise „lean production" ist eine elektronische Verbindung der betroffenen Firmen unerläßlich[83]. Dabei müssen die Firmen auch Wissen über den Produktionsprozeß der jeweiligen Partnerfirma erlangen, damit aus den Informationen über bestehende Lagerbestände eine rechtzeitige Bestellung und Lieferung möglich ist. Hierzu dient vor allem der standardisierte Datenaustausch im Rahmen von Electronic Data Interchange.

Die Intelligenz der Produkte im Bereich der Elektronischen Märkte beruht vor allem auf der Möglichkeit, sich den Kundenwünschen anzupassen und schnell auf veränderte Marktgegebenheiten zu reagieren.

4.4.2.2 Online-Banking

Der Bereich des Online-Banking ist eine Sonderform der elektronischen Märkte, der erstens schon relativ lange existiert und zweitens aufgrund der besonderen Geschäftstätigkeit, die darüber abgewickelt wird, auch besonderen Sicherheitsvorkehrungen unterworfen ist.

Mit Einführung des Bildschirmtextes (BTX) in Deutschland im Jahr 1983 entstand für Kreditinstitute die Möglichkeit, ihre Geschäftstätigkeit in die Räume des Kunden zu verlagern, sofern der Kunde dies wünschte. Damit sollte dem Kunden die Möglichkeit geboten werden, seine Kontoführung bequem von Zuhause oder dem Büro aus zu tätigen. In den Anfangsjahren des Online-Bankings beschränkten sich die

---

[81] Vgl. Bauer, Christian, Brandtweiner, Roman: Die wettbewerbsinduzierte Transformation innerbetrieblicher Informationssysteme zu Elektronischen Märkten, in: Journal für Betriebswirtschaft, Nr. 3, 1997, S. 155.

[82] Anm. des Verfassers: Zur Ansicht mag z.b. das Internetangebot des Unternehmen Otto Versand GmbH & Co (www.otto.de) dienen.

[83] Vgl. Benjamin, Robert, Wigand, Rolf: Electronic Markets and Virtual Value Chains on the Information Superhighway in: Sloan Management Review, Winter 1995, S. 65.

Angebote schon aufgrund der eingeschränkten technischen Möglichkeiten auf den Bereich der Kontoführung im Sinne von Kontoinformationen und Auftragserteilung seitens des Kunden. Mit der Entwicklung neuer Banking-Software auf Basis von T-Online, dem Nachfolger von BTX und neuer Sicherheitsstandards für das Online-Banking über das Internet weiten sich die Möglichkeiten des Online-Bankings aus. Dadurch daß Finanzverwaltungsprogramme wie z.b. Microsoft Money den Online-Anschluß an die Banken vornehmen können, vereinfachen sich nicht nur die Bankgeschäfte für die Kunden, indem sie die Möglichkeiten der Software ausnutzen, sondern auch die Auswertung von gesammelten Kundeninformationen ist gegeben.

Des weiteren veröffentlichen fast alle Institute im Rahmen ihrer Internetengagements zusätzliche Informationen, die jeder, der über einen Browser verfügt, nutzen kann[84]. Aufgrund des zunehmenden Erfolges von Electronic Banking, welches sich als kostengünstiger Vertriebsweg erwiesen hat, wurden inzwischen von einigen Präsenzbanken Tochterunternehmen gegründet, die sich als Direktbank nur dem Online-Banking widmen.

Zum Schluß stellt sich natürlich die Frage, inwieweit es sich bei diesem schon lange existierenden Geschäft um einen wissensgestützten Prozeß handelt. Die Bindung des Kunden an die Bank beruht aufgrund der räumlichen Entfernung nicht mehr auf persönlichen Maßstäben, sondern muß anderweitig geknüpft werden. Dies geschieht dadurch, daß die Direktbanken aufgrund des Kundenprofils, welches sie anhand der Online-Geschäfte binnen kürzester Zeit erfassen und auswerten können, eine auf den Kunden maßgeschneiderte Angebotspalette erstellen. Sie stellen dem Kunden das jeweils benötigte Wissen schnellstmöglich zur Verfügung und ermöglichen es dem Kunden somit, auf Marktveränderungen zu reagieren. Darüber hinaus können sie sich aufgrund des elektronischen Angebots in kürzester Zeit auf neue Umstände einstellen. Das Online-Banking ist also vernetzt, an die Kundenwünsche angepaßt und auch interaktiv.

4.4.2.3   Buchungs- und Reservierungssysteme - SABRE

An SABRE, dem Buchungssystem von American Airlines läßt sich die Entwicklung von Informationssystemen im Rahmen der Zunahme der technischen Möglichkeiten ablesen. SABRE wurde bereits in den 60er Jahren als Buchungssystem von American Airlines eingeführt, als abzusehen war, daß die steigende Zahl von

---

[84] Evans, Philip B., Wurster, Thomas S.: Strategy and the New Economics of Information in: Harvard Business Review, September-Oktober 1997, S. 77.

Buchungen nicht mehr mit Karteikarten zu bewältigen war. Im Zuge der Weiter-entwicklung wurde SABRE Mitte der 70er Jahre als Planungsgrundlage für den Umlauf der Maschinen, die Verwaltung des Ersatzteillagers sowie den Einsatz der Crews. SABRE war zu einem Kontrollzentrum geworden, welches American Airli-nes funktionsfähig erhielt. 1976 wurde SABRE als Buchungssystem in den ersten Reisebüros eingesetzt und entwickelte sich bis heute zu einem leistungsfähigen Buchungssystem, in welchem die unterschiedlichsten Fluggesellschaften ebenso gebucht werden können wie ergänzende Angebote (Hotelzimmer, Mietwagen, etc.).[85] Wettbewerbsvorteile in ihrem Kerngeschäft gegenüber anderen Fluggesellschaften konnte American Airlines aufgrund der notwendigen Öffnung des Systems für andere Anbieter nicht erzielen. Dennoch entwickelte sich SABRE für American Air-lines zu einem ertragsstarken Geschäftsbereich, weil es ihnen gelang, auf Basis der erhobenen Informationen Wissen zu generieren, das ihnen half insbesondere ihren Geschäftskunden intelligente Dienstleistungen anzubieten. So wurde 1996 mit SABRE Business Travel Solutions ein Angebot für Geschäftskunden auf dem Markt etabliert, welches großen Unternehmen dabei behilflich ist, ihre Ausgaben für Reisen zu planen und zu managen.[86] Gleichzeitig erschien es sinnvoll, aufgrund der Konzentration der Kernkompetenzen diesen Geschäftsbereich auszugliedern, was mit der Gründung der SABRE Group im Jahr 1996 geschah[87]. Somit ist die SABRE Group ein eindrucksvolles Beispiel für die Entstehung wissensorientierter Unter-nehmen.

---

[85] Hopper, Max D.: Sabre – Lektionen für das Überleben im Informationszeitalter, in: HARVARDmanager, 1991, Nr. 1, S. 82 ff.
[86] The SABRE Group: Company History, www.sabre.com/corpinfo/history.htm, 04.10.1998, S. 3.
[87] The SABRE Group, a.a.O, S. 1.

5 Chancen und Risiken

5.1 Der Wandel zur „Wissensgesellschaft"

In der Vielzahl der Literatur zum Thema Wissen ist unbestritten, daß sich innerhalb der Gesellschaft ein tiefgreifender Wandel von einer industriellen Gesellschaft hin zu einer „Wissensgesellschaft" vollzieht. Drucker als einer der Vorreiter dieser Thematik beschreibt dies in seinem Buch „Die postkapitalistische Gesellschaft" folgendermaßen: „Die grundlegende wirtschaftliche Ressource, mithin die ‚Produktionsmittel', werden nicht mehr das Kapital, werden nicht mehr die Naturschätze (der ‚Boden', wie der Volkswirtschaftler sagt) oder ‚die Arbeit' sein. Es ist vielmehr heute und in Zukunft das Wissen. Einen Mehrwert wird weder der Einsatz von Kapital für produktive Zwecke erbringen noch die ‚Arbeitskraft' ... Wertzuwachs entsteht heute aus der ‚Produktivität' und der ‚Innovation'. Beide bedeuten die Anwendung von Wissen auf die Arbeit."[88] Aus dieser These heraus folgt, daß ein radikales Umdenken in der Wirtschaft und der Gesellschaft erforderlich ist, um die Chancen, die dieser Wandel bringt, zu nutzen, aber gleichzeitig auch die damit verbundenen Risiken zu sehen. Dies findet zur Zeit auf vielen Ebenen statt, wie es beispielsweise die im Auftrag des Bundesministeriums für Bildung, Wissenschaft, Forschung und Technologie durchgeführte Forschung „Potentiale und Dimensionen der Wissensgesellschaft – Auswirkungen auf Bildungsprozesse und Bildungsstrukturen" aus den Jahren 1996/1998 verdeutlicht. Der vorliegende Beitrag wird sich den Chancen und Risiken aus wirtschaftlicher Sicht widmen und die gesellschaftliche und soziale Dimension nur in dem Maße einbeziehen, als daraus Wirkungen auf die Wirtschaft ausgehen.

5.2 Chancen

5.2.1 Chancen innerhalb eines Unternehmens

Um die Chancen der Kommerzialisierung von Wissen innerhalb eines Unternehmens zu beleuchten, soll im folgenden unterstellt werden, daß der Sinn und Zweck eines Unternehmens darin besteht, Gewinne zu erzielen. Chancen für das Unternehmen bestehen also darin, den Gewinn zu steigern oder langfristig zu sichern. Dies geschieht bei der Kommerzialisierung von Wissen auf zweierlei Arten: Die direkte Vermarktung des Produktes Wissen oder wissensgestützter Produkte sowie indirekte

---

[88] Drucker, Peter F., Die postkapitalistische Gesellschaft, Düsseldorf, Wien, u.a. 1993, S. 18 f.

Auswirkungen auf die Produktivität und Innovationsfähigkeit eines Unternehmens, die sich daraus ergeben, daß das Unternehmen im Sinne des Wissensmanagements seine internen Abläufe überprüft und eventuell neu strukturiert.

Die besonderen Eigenschaften des Produktes Wissen aber auch wissensgestützter Produkte, wie sie im vorangegangenen Kapitel beschrieben wurden, beinhalten konkrete Chancen, die es für das einzelne Unternehmen zu nutzen gilt. Wissensintensive Branchen setzen sich über eine grundlegende ökonomische Gesetzmäßigkeit hinweg, nämlich das Gesetz vom abnehmenden Grenzertrag[89]. Dieses besagt, daß durch eine Hinzunahme jeder weiteren Einheit eines Produktionsfaktors der Ertrag nicht mehr so stark zunimmt, wie bei der vorangegangenen Einheit. Je mehr also produziert wird, desto geringer fällt der Grenzertrag aus. Bei wissensintensiven Produkten und Unternehmen verhält sich der Grenzertrag umgekehrt. Der Anfangsaufwand besteht vor allem in dem Erwerb des für das Produkt oder die Dienstleistung notwendigen Wissens. Da eine der Eigenschaften des Wissens darin besteht, daß es durch den Gebrauch keinen Wertverlust erleidet, ja sogar teilweise an Wert gewinnt, wird bei wachsender Nachfrage nach dem Produkt oder der Dienstleistung der Ertrag überproportional zu den Aufwendungen steigen, d.h. es liegen steigende Skalenerträge vor. Zur Verdeutlichung zitiert Stewart den Wirtschaftswissenschaftler Brian Arthur wie folgt: „Für wissensbasierte Wirtschaftsbereiche gelten die zunehmenden Erträge. Produkte wie Computer, pharmazeutische Erzeugnisse, Raketen, Flugzeuge, Autos, Software, Ausstattung für Telekommunikation oder Erzeugnisse der Glasfasertechnologie sind in Konstruktion und Herstellung kompliziert. Es bedarf hoher Investitionen für Forschung, Entwicklung und technische Ausrüstung, doch sobald der Verkauf beginnt, ist die weitere Produktion preisgünstig. ... Nicht nur, daß die Herstellkosten für High-Tech-Produkte bei einer Produktionssteigerung fallen, es vergrößert sich gleichzeitig der Nutzen beim Gebrauch dieser Produkte. ... Wenn ein Produkt eines bestimmten Herstellers einen großen Marktanteil erlangt, steigt der Anreiz für andere Käufer, das gleiche Produkt zu erwerben, um mit denjenigen Informationen auszutauschen, die dieses Produkt bereits verwenden."[90] Dies gilt nicht nur für High-Tech-Produkte, wie von Arthur angeführt, sondern ebenso für wissensgestützte Produkte im Sinne von Davis und Botkin. Damit eröffnen sich jedem Unternehmen, das sich frühzeitig auf die Her-

[89] Vgl. Stewart, Thomas A., a.a.O., S. 171.
[90] Arthur, Brian zitiert bei: Stewart, Thomas A., a.a.O., S. 172.

stellung bzw. den Vertrieb wissensbasierter Produkte oder Dienstleistungen konzentriert, die Möglichkeit, Standards zu schaffen und sich darüber langfristige Ertragschancen zu sichern.

Darüber hinaus ist ein Angebot von wissensbasierten Produkten und Dienstleistungen oder Wissen als Produkt nur dann möglich, wenn ein Unternehmen sich als wissensorientiert begreift. Für Davis ist das Wichtigste auf dem Weg zu einem wissensbasierten Unternehmen die dahinterstehende Geisteshaltung. Ein Unternehmen muß zuallererst festlegen, über welches Wissen es verfügt und wie es dieses gewinnbringend einsetzen kann. Daraus ergibt sich eine neue Definition der Kernkompetenzen, in der das vorhandene Wissen über das, was ein Unternehmen kann, bestimmt, was ein Unternehmen macht.[91]

Eine ähnliche Reduktion auf die Kernkompetenzen fordert Drucker für Wissens- und Servicearbeit. In Anlehnung an Taylor befürwortet er ein „Working smarter", worunter er eine intelligentere Aufteilung der zu erledigenden Aufgaben versteht. Kernpunkte hierfür sind das Festlegen der Tätigkeiten und der Eliminierung dessen, was nicht erforderlich ist. Damit soll jeder Wissens- und Servicearbeiter hauptsächlich die Tätigkeiten durchführen, bezüglich derer er die größte Kompetenz aufweist. Ein Beispiel hierfür ist eine Krankenschwester, die einen Großteil ihrer Arbeitszeit damit verbringt, Formulare auszufüllen und damit ihr Wissen nicht produktiv einsetzen kann. Überträgt man diese Bürotätigkeiten einem Angestellten, der sich auf diese Arbeit konzentriert, so läßt sich eine beachtliche Steigerung der Produktivität erzielen.[92]

Sowohl die Konzentration des gesamten Unternehmens auf seine Kernkompetenzen als auch der kluge Einsatz des vorhandenen Wissens und der Fähigkeiten innerhalb eines Unternehmens werden die Produktivität langfristig erhöhen und stellen somit eine wichtige Chance für ein Unternehmen dar.

5.2.2 Entwicklungspotentiale der Ökonomie

So wie die Tendenz zur Wissensgesellschaft Auswirkungen auf einzelne Unternehmen haben wird, werden sich auch für die gesamte Wirtschaft Veränderungen und damit Chancen ergeben.

---

[91] Vgl. Davis, Stan, a.a.O. S. 4.
[92] Vgl. Drucker, Peter F.: Dienstleister müssen produktiver werden in: HARVARDmanager, 1992, Nr. 2, S. 64 ff.

Eine der wichtigsten überhaupt besteht darin, daß mit zunehmender Bedeutung der Ressource „Wissen" und der Erkenntnis, daß sich Wissen als Produkt vermarkten läßt, neue Märkte geschaffen werden, wie es sie vorher noch nicht gab. Was bislang als Nachteil des Produktes Wissen galt, nämlich die Tatsache, daß entsprechende Märkte nicht vorhanden oder nur schwer aufzufinden sind, wird dazu führen, daß in der Zukunft neue Geschäftsbereiche entstehen. Teile davon sind bereits heute vorhanden und müssen nur ausgebaut werden, wie z.b. die Elektronischen Märkte, die sowohl bei der bestehenden Technologie noch erweiterbar sind, als auch durch die Weiterentwicklung technischer Möglichkeiten neue Potentiale erhalten. Andere Märkte, wie die für wissensbasierte Produkte sind eben erst im Entstehen und bieten daher noch ausbaufähiges Potential. Damit bieten sich auch Chancen für kleine, junge Unternehmen, für die es leichter ist, auf neuen Märkten Fuß zu fassen, als auf bestehenden Märkten mit bereits etablierten Gesellschaften in Konkurrenz zu treten.

Eine weitere gesamtökonomische Entwicklung wird aufgrund der bereits auf Unternehmensebene vorgestellten Konzentration auf Kernkompetenzen eintreten: die Zusammenarbeit zwischen Firmen wird notwendiger denn je. Um in der Wissensgesellschaft eine größtmögliche Produktivität zu erhalten, ist es - wie weiter oben bereits beschrieben - sinnvoll, daß sich jedes einzelne Unternehmen auf die Geschäftstätigkeit beschränkt, die es am besten beherrscht. Eine Aussage, die sich auch mit der aus der Volkswirtschaftslehre bekannten Theorie der Komparativen Kostenvorteile untermauern läßt.

Bislang herrschte zwischen den Unternehmen eine Strategie der Konkurrenz, die immer zu gesamtwirtschaftlich suboptimalen Lösungen führt. Im Zuge der Konzentration auf ihr Kerngeschäft, ist es für die Unternehmen jedoch sinnvoll, die anderen Tätigkeiten auf Fremdunternehmen zu verlagern. Aufgrund dieser Verschiebung von einer Konkurrenzstrategie zu einer Strategie der Zusammenarbeit sollte es möglich sein, die gesamtwirtschaftliche Produktivität zu erhöhen.[93]

---

[93] Vgl. Amidon, Debra M., a.a.O., S 20.

5.3 Risiken

5.3.1 Risiken auf Unternehmensebene

Im Rahmen der allgemeinen Euphorie bezüglich der kommenden Wissensgesellschaft und der daraus resultierenden Gewinnchancen sollen jedoch auch mögliche oder bereits bestehende Risiken nicht unbeachtet gelassen werden. Die besonderen Eigenschaften des Produktes Wissen und wissensbasierter Produkte und Dienstleistungen beinhalten neue, den Unternehmen bislang noch unbekannte Probleme, die in der Zukunft gelöst werden müssen.

Die Kurzlebigkeit der wissensbasierten Produkte und Dienstleistungen macht eine permanente Erneuerung der Produktpalette notwendig, d.h. es werden nur die Unternehmen überleben, die sich eine ständige Fortentwicklung bestehender bzw. die Entwicklung neuer Produkte finanziell leisten kann. Dies erfordert eine entsprechende Ausrichtung des Managements.

Die Vermarktung von reinem Wissen im Sinne von Schulungen oder Beratungsleistungen stellt das anbietende Unternehmen vor zwei Probleme: Erstens ist, da sich das Eigentum an Wissen nicht nachweisen läßt, von einer Weiterverbreitung des vermittelten Wissens auszugehen. Darüber hinaus bestehen nur wenige Möglichkeiten für ein Unternehmen, sich einmal angeeignetes Wissen vor dem Mißbrauch durch andere zu schützen. Zweitens muß das Unternehmen seinen Abnehmern die Qualität seines Produktes, dessen Eigenschaften schwierig zu beschreiben sind, nachweisen. Dies, und die Tatsache, daß Preisbildungsmechanismen bisher noch nicht in ausreichendem Maße entwickelt wurden, führt dazu, daß sowohl von Anbieter- als auch von der Nachfragerseite her große Unsicherheiten hinsichtlich der Produktqualität und des dafür zu zahlenden Preises bestehen.

5.3.2 Gesellschaftliche Risiken

Gesellschaftliche Risiken durch die Kommerzialisierung von Wissen und ihre Auswirkungen auf die Wirtschaft sind naturgemäß stark abhängig von der umgebenden Gesellschaft. Dies soll im folgenden beipielhaft anhand des Problems des Datenschutzes gezeigt werden.

Geschäftsideen, die in den USA einen neuen Markt bedeuten, können in Deutschland aufgrund der herrschenden Rechtslage undurchführbar sein. Dies gilt insbesondere im Bereich des Datenschutzes, der in Deutschland wesentlich strenger ausgelegt ist als in den USA. Eine der Haupteigenschaften wissensgestützter Produkte und Dienstleistungen besteht in der Anpassungsfähigkeit an die Kundenwünsche. Um diese Kundenwünsche jedoch voraussehen zu können und entsprechende Produkte zu entwickeln, ist es unerläßlich, Daten über die potentiellen Nachfrager des Produktes zu sammeln und auszuwerten. Wie bedeutsam dies ist, zeigt ein Artikel aus dem vierteljährlichen Report von McKinsey, in dem aus dieser Notwendigkeit ein neuer Geschäftszweig prophezeit wird: Gesellschaften, die aus der Bedeutung von Kundeninformationen Gewinn ziehen. Dabei wird einerseits die Vermarktung von Kundeninformationen gegenüber Herstellern oder Verkäufern verstanden (ein Geschäftszweig, der auch in der Bundesrepublik bereits besteht und nicht unumstritten ist), andererseits wird unterstellt, daß es auch Angebote an Konsumenten geben wird. Den Konsumenten soll entweder die Suche nach geeigneten Angeboten abgenommen oder erleichtert werden, es werden Vertragsverhandlungen im Sinne der Kundschaft geführt oder es werden gar Kundeninformationen dergestalt verkauft, daß der Kunde an dem damit erzielbaren Gewinn beteiligt wird.[94] Diese Vorschläge gehen jedoch sehr weit, da der Konsument eine Vielzahl an Informationen preisgeben muß. Dies widerspricht der in der Bundesrepublik Deutschland gängigen Auffassung des Datenschutzes, die sich in der Gestaltung des Bundesdatenschutzgesetzes niedergeschlagen hat. Hierzu heißt es im Artikel 1 §1:

„(1) Zweck dieses Gesetzes ist es, den einzelnen davor zu schützten, daß er durch den Umgang mit seinen personenbezogenen Daten in seinem Persönlichkeitsrecht beeinträchtigt wird.

(2) Dieses Gesetz gilt für die Erhebung, Verarbeitung und Nutzung personenbezogener Daten durch

1. öffentliche Stellen des Bundes

2. öffentliche Stellen der Länder, soweit der Datenschutz nicht durch Landesgesetze geregelt ist und soweit sie

   a) Bundesrecht ausführen oder

   b) Als Organe der Rechtspflege tätig werden und es sich nicht um Verwaltungsangelegenheiten handelt.

---

[94] Vgl. Hagel, John III, Rayport, Jeffrey F.: The new infomediaries in: The McKinsey Quarterly, 1997 No. 4, S. 56 ff.

3. nicht-öffentliche Stellen, soweit sie die Daten in oder aus Dateien geschäfts-
mäßig oder für berufliche oder gewerbliche Zwecke verarbeiten oder nutzen."[95]

Damit stellt sich den Unternehmen, die wissensbasierte Produkte oder Dienstleistungen anbieten wollen, das Problem, wie sie an die für sie notwendigen Informationen über ihre potentiellen Kunden gelangen, ohne mit dem Gesetz in Konflikt
zu geraten. Damit haben jedoch Anbieter, die auf dem deutschen Markt operieren,
einen Nachteil gegenüber Anbietern aus den USA, die sich mehr Informationen über
die Nachfrager verschaffen können.

Dieses Beispiel verdeutlicht, wie nationale oder kulturelle Regelungen Unternehmen
durch Einschränkungen der unternehmerischen Freiheit gegenüber internationalen
Konkurrenten, die in ihrem Umfeld diesen Regelungen nicht unterworfen sind,
benachteiligen können.

---

[95] Bundesdatenschutzgesetz, www.datenschutz-berlin.de/gesetze/bdsg/bdsg1.htm, 22.09.98, S. 1.

6 Schlußbetrachtung

Wissen ist kein ökonomisches Gut wie jedes andere. Die besonderen Kennzeichen und Eigenschaften machen es zu einem schwer greifbaren Vermögenswert, dessen Bedeutung für den wirtschaftlichen Leistungserstellungsprozeß jedoch unbestritten ist. Die Probleme im Rahmen der Quantifizierung haben lange, vielleicht zu lange dazu geführt, daß diese Ressource bei der Auswahl der ökonomischen Entscheidungsparameter nicht ausreichend berücksichtigt wurde. Diesem Tatbestand wirkt die Implementierung eines eigenständigen Managementsegments entgegen, das die Erkenntnisse der drei Bereiche Organisationsmangement, Personalwirtschaft und Informations- und Kommunikationstechnologie vereint. Ein solches ganzheitliches Wissensmanagement schafft die Voraussetzungen, um unter den sich ändernden Umweltbedingungen weiterhin wettbewerbsfähig zu bleiben bzw. seinen Wettbewerbsvorteil auszubauen. Knowledge-Management steigert die Ertragskraft der Unternehmen auf zwei Arten: Einerseits bewirkt es eine Produktivitätssteigerung, da der erweiterte Einsatz von Wissen bei gleichbleibendem Einsatz der klassischen Produktionsfaktoren Kapital und Arbeit zu größeren Erträgen führt. Anderseits bildet es die Grundlage zur Entwicklung neuer Produkte.

Wie im zweiten Teil der vorliegenden Arbeit gezeigt wurde, entstehen als Konsequenz aus der zunehmenden Durchdringung aller Lebensbereiche mit Informationstechnologien und der wachsenden Komplexität der Bedürfnisse neue Produkte und Märkte. Die Neuartigkeit dieser Produkte und Märkte zwingt die bestehenden Unternehmen auf der einen Seite, ihre Produktpalette zu überdenken und hinsichtlich der sich ergebenden Chancen und Risiken zu untersuchen und fördert andererseits die Entstehung neuer Unternehmen. Die in diesem Rahmen zu erwähnenden Risiken für die Wirtschaft und die einzelnen Unternehmen beruhen vornehmlich darauf, daß Marktmechanismen und Regelungen für diese modernen Produkte und Dienstleistungen noch nicht in ausreichendem Maße entwickelt wurden. Dem gegenüber sind die existierenden Chancen für die Unternehmen aufgrund ihres Potentials der Ertragssteigerung höher als die Risiken zu bewerten, zumal davon auszugehen ist, daß die momentan bestehenden Defizite zunehmend beseitigt werden.

Sowohl die Betrachtung des Knowledge-Managements mit seinen Schwerpunkten bei der Analyse von Wissen als Ressource, als auch die Darstellungen, die Wissen als Produkt beschreiben, nämlich die Kommerzialsierung von Wissen, offenbaren den Tatbestand eines tiefgreifenden Strukturwandels[96], der sich in Wirtschaft und Gesellschaft vollzieht. Nur durch eine Zusammenführung beider Bereiche, durch die innerbetriebliches Knowledge-Management zu innovativen, wissensorientierten bzw. wissensbasierten Produkten führt, kann ein Unternehmen dauerhaft auf den globalisierten Märkten erfolgreich sein und sich somit in einer Knowledge-based Economy etablieren.

---

[96] Vgl. Drucker, Peter F., a.a.O., S. 73.

Literaturverzeichnis

Bücher, Sammelwerke und Festschriften

Amidon, Debra M.: Innovation Strategy for the Knowledge Economy: The Ken Awakening, Boston, Oxford, u.a. 1997.

Bullinger, Hans-Jörg: Dienstleistungen für das 21. Jahrhundert – Trends, Visionen und Perspektiven, in: Dienstleistungen für das 21. Jahrhundert: Gestaltung des Wandels und Aufbruch in die Zukunft, Hrsg.: Hans-Jörg Bullinger, Stuttgart 1997, S. 27-64.

Bullinger, Hans-Jörg, Wörner, Kai, Prieto, Juan: Wissensmanagement heute: Daten, Fakten, Trends, Stuttgart 1997.

Bundesministerium für Bildung, Wissenschaft, Forschung und Technologie: Innovationen für die Wissensgesellschaft: Förderprogramm Informationstechnik, Bonn 1998.

Bürgel, Hans Dietmar, Zeller, Andreas: Forschung & Entwicklung als Wissenscenter, in: Wissens-management: Schritte zum intelligenten Unternehmen, Hrsg: Hans Dietmar Bürgel, Berlin 1998.

Drucker, Peter F.: Die postkapitalistische Gesellschaft, Düsseldorf, Wien, u.a. 1993.

Horváth, Peter: Wissensmanagement mit Balanced Scorecard in: Wissens-management: Schritte zum intelligenten Unternehmen, Hrsg.: Hans Dietmar Bürgel, Berlin, Heidelberg, u.a.1998, S. 153-162.

Internationales Institut für Lernende Organisation und Innovation: Knowledge Management: Ein empirisch gestützter Leitfaden zum Management des Produktionsfaktors Wissen, München 1997.

Kuhlen, Rainer: Informationsmarkt: Chancen und Risiken der Kommerzialisierung von Wissen, Konstanz 1995.

Nonaka, Ikujiro, Takeuchi, Hirotaka: Die Organisation des Wissens: Wie japanische Unternehmen eine brachliegende Ressource nutzbar machen, Frankfurt/Main, New York 1997.

Probst, Gilbert,
Raub, Steffen,
Romhardt, Kai: Wissen managen: Wie Unternehmen ihre wertvollste
                           Ressource optimal nutzen, 2. Aufl., Wiesbaden 1998.

Pulic, Ante: Der Informationskoeffizient als Wertschöpfungsmaß
                           wissensintensiver Unternehmungen in:
                           Wissensmanagement, Hrsg: Ursula Schneider,
                           Frankfurt am Main 1996, S. 147-179.

Rehäuser, Jakob,
Krcmar, Helmut: Wissensmanagement im Unternehmen, in:
                           Wissensmanagement, Hrsg.: Georg Schreyögg u. Peter
                           Conrad, Berlin, New York 1996, S. 1-40.

Schumpeter, Joseph .A.: The Theory of Economic Development, Cambridge,
                           1951.

Schüppel, Jürgen: Wissensmanagement: Organisatorisches Lernen im
                           Spannungsfeld von Wissens- und Lernbarrieren,
                           Wiesbaden 1996.

Stahlknecht, Peter: Einführung in die Wirtschaftsinformatik, 7.Aufl.,
                           Berlin, Heidelberg, u.a. 1995.

Stewart, Thomas A: Der vierte Produktionsfaktor: Wachstum und
                           Wettbewerbsvorteile durch Wissensmanagement,
                           München, Wien 1998.

Winslow, Charles D.,
Bramer William L.:   FutureWork: Putting Knowledge to Work in the
                           Knowledge Economy, New York 1994.

Wöhe, Günter: Einführung in die Allgemeine Betriebswirtschaftslehre,
                           18. Aufl., München 1993.

Zeitschriftenaufsätze

Bauer, Christian,
Brandtweiner, Roman: Die wettbewerbsinduzierte Transformation
                           innerbetrieblicher Informationssysteme zu
                           Elektronischen Märkten, in: Journal für
                           Betriebswirtschaft, 1997, Nr. 3, S. 154-161.

Benjamin, Robert,
Wigand, Rolf: Electronic Markets and Virtual Value Chains on the
                           Information Superhighway, in: Sloan Management
                           Review, Winter 1995, S. 62-72.

Davis, Stan, Botkin, Jim: Das künftige Geschäft – wissensgestüzt, in: Harvard
Business manager, 1995, Nr. 2, S. 25-30.

Drucker, Peter F.:   Dienstleister müssen produktiver werden, in:
HARVARDmanager, 1992, Nr. 2, S. 64-72.

Edvinsson, L.,
Sullivan, P.:   Developing a model for managing intellectual capital,
in: European Management Journal, Vol. 14 (1996),
No. 4, S. 356-364.

Evans, Philip B.,
Wurster, Thomas S.:   Strategy and the New Economics of Information, in:
Harvard Business Review, September-Oktober 1997, S.
71-82.

Grohmann, Hans-J.:   Knowledge Management: Wissen effektiv nutzen, in:
NOTES Magazin, 1998, Nr. 3, S. 12-19.

Hagel, John III,
Rayport, Jeffrey F.:   The new infomediaries, in: The McKinsey Quarterly,
1997, No. 4, S. 55-70.

Hayek, F.A.:   The Use of Knowledge in Society, in American
Economic Review, Vol. 35 (1945), Nr. 4, S. 519-530.

Hopper, Max D: Sabre – Lektionen für das Überleben im
Informationszeitalter, in: HARVARDmangager, 1991,
Nr. 1, S. 80-87.

Prahalad, C.K.,
Hamel, Gary: Nur Kernkompetenzen sichern das Überleben, in:
HARVARDmanager, 1991, Nr. 2, S. 66-78.

Rayport, Jeffrey F.,
Sviokla, John J.:   Die virtuelle Wertschöpfungskette – kein fauler Zauber,
in: Harvard Business Manager, 1996, Nr. 2, S. 104-113.

Roehl, H., Romhardt, K.:   Wissen über die Ressource ,Wissen', Gablers Magazin,
1997, 6-7, S. 42-45.

Saloga, Gisela,
Fill, Christian: IT hält Mitarbeiter auf dem laufenden, in: Information
Week, 1998, Nr. 18, S. 72-73.

Teece, David J.:   Capturing Value from Knowledge Assets: The New
Economy, Markets for Know-how, and Intangible
Assets in: California Management Review, Vol.40
(1998), No. 3, S. 55-79.

<u>**Internetquellen**</u>

@BRINT ™ (Hrsg.):   Knowledge Management & Organizational Learning,
www.brint.com/OrgLrng.htm, 05.07.98.

Bullinger, Hans-Jörg,
Wiedmann, Gudrun,
Brettreich-
Teichmann, Werner: Global Networking – Managemant vernetzter
                               Dienstleistungen, www.dl2000.de/cgi-bin
                               /showfiles.cgi?file=Wiedmann_1.rtf&user=Wiedmann,
                               26.09.98.

Bundesdatenschutzgesetz   www.datenschutz-berlin.de/gesetze/bdsg/bdsg1.htm,
                               22.09.98.

Davis, Stan: Becoming a Knowledge Based Business – A
                               Conversation with Stan Davis,
                               www.businessinnovation.ey.com/journal/issue1/
                               features/becomi/body.html, 29.09.98.

Gry, Denham: What is Knowledge Management, www.3-cities.com/
                               ~bonewman/what_is.htm, 05.07.98.

Probst, Gilbert,
Romhardt, Kai: Bausteine des Wissensmanagements – ein
                               praxisorientierter Ansatz, www.cck.uni-
                               kl.de/wmk/papers/public/Bausteine.htm, 24.08.98.

Ruggles, Rudy: Why Knowledge? Why Now?,
                               www.businessinnovation.ey.com/journal/issue1/feature
                               s/ whykno/loader.html, 26.09.98.

The SABRE Group: Company History,
                               www.sabre.com/corpinfo/history.htm, 04.10.1998.

„Ich versichere, daß ich die vorstehende Arbeit selbständig und ohne fremde Hilfe angefertigt und mich anderer als der im beigefügten Verzeichnis angegebener Hilfsmittel nicht bedient habe. Alle Stellen, die wörtlich oder sinngemäß aus Veröffentlichungen entnommen wurden, sind als solche kenntlich gemacht."

PRÜFUNGSAUSSCHUß FÜR
DIPLOM-KAUFLEUTE

Der Vorsitzende
Prof. Dr. Layer

Herrn
Reto Schlüter

Telefon: 4123-4071
Telex-Nr.: 214732 unihhd

Heidbergstr. 30

FAX: 4123-6322

22846 Norderstedt

12.08.1999

Note Ihrer Diplomarbeit

Sehr geehrter Herr Schlüter,

im Auftrage des Vorsitzenden des Prüfungsausschusses für Diplom-Kaufleute teile ich Ihnen mit, daß Ihre Diplomarbeit mit 3 Monaten Bearbeitungsdauer wie folgt benotet wurde:

Erstgutachter: Prof. Dr. Preßmar

                    Note: 1,6   gut

Zweitgutachter: Dr. Seibt

                    Note: 1,6   gut

Drittgutachter: Keiner

                    Note: ---

             Note gesamt: 1,60   gut

Mit freundlichen Grüßen
Im Auftrage

Steinke
Prüfungsamt 2

Diplomarbeiten Agentur

Die Diplomarbeiten Agentur vermarktet seit 1996 erfolgreich
Wirtschaftsstudien, Diplomarbeiten, Magisterarbeiten, Dissertationen
und andere Studienabschlußarbeiten aller Fachbereiche und Hochschulen.

Seriosität, Professionalität und Exklusivität prägen unsere Leistungen:

- Kostenlose Aufnahme der Arbeiten in unser Lieferprogramm
- Faire Beteiligung an den Verkaufserlösen
- Autorinnen und Autoren können den Verkaufspreis selber festlegen
- Effizientes Marketing über viele Distributionskanäle
- Präsenz im Internet unter **http://www.diplom.de**
- Umfangreiches Angebot von mehreren tausend Arbeiten
- Großer Bekanntheitsgrad durch Fernsehen, Hörfunk und Printmedien

Setzen Sie sich mit uns in Verbindung:

Diplomarbeiten Agentur
Dipl. Kfm. Dipl. Hdl. Björn Bedey
Dipl. Wi.-Ing. Martin Haschke
und Guido Meyer GbR

Hermannstal 119 k
22119 Hamburg

Fon: 040 / 655 99 20
Fax: 040 / 655 99 222

agentur@diplom.de
www.diplom.de

www.ingramcontent.com/pod-product-compliance
Lightning Source LLC
La Vergne TN
LVHW092346060326
832902LV00008B/851